和平学译丛

丛书主编　朱成山　刘　成

和平学研究的新范式

（亚太篇）

［日］君岛东彦　［印］维迪亚·杰恩　著

阮岳湘　译

New Paradigms of Peace Research:
The Asia-Pacific Context

南京出版传媒集团
南京出版社

图书在版编目(CIP)数据

和平学研究的新范式. 亚太篇 / (日) 君岛东彦等编;
阮岳湘译. -- 南京 : 南京出版社
(和平学译丛 / 朱成山,刘成主编)
ISBN 978-7-5533-0655-1

Ⅰ. ①和… Ⅱ. ①君… ②阮… Ⅲ. ①和平学—研究
—亚太地区 Ⅳ. ①D068

中国版本图书馆 CIP 数据核字(2014)第 189161 号

书　　名:和平学研究的新范式(亚太篇)
主　　编:[日]君岛东彦　[印]维迪亚·杰恩
译　　者:阮岳湘
出版发行:南京出版传媒集团
南　京　出　版　社
社址:南京市太平门街 53 号　　邮编:210016
网址:http://www.njcbs.com　　淘宝网店:http://njpress.taobao.com
电子信箱:njcbs1988@163.com
联系电话:025-83283871、83283864(营销)　025-83112257(编务)

出 版 人:朱同芳
责任编辑:朱天乐　董倩雯
装帧设计:王　俊
责任印制:杨福彬

排　　版:南京南琳图文制作有限公司
印　　刷:南京工大印务有限公司
开　　本:718 毫米×1005 毫米 1/16
印　　张:11.75
字　　数:168 千
版　　次:2015 年 1 月第 1 版
印　　次:2015 年 1 月第 1 次印刷
书　　号:ISBN 978-7-5533-0655-1
定　　价:18.00 元

营销分类:政治学·社会学

丛书主编简介

朱成山，1954年7月9日出生于南京，中共党员，研究员，中国作家协会会员。现任中共江苏省委外宣办副主任，侵华日军南京大屠杀遇难同胞纪念馆馆长，兼任中国抗日战争史学会和江苏省近代史学会副会长，侵华日军南京大屠杀史研究会会长，南京国际和平研究所所长，南京师范大学特聘硕士研究生导师、中国科技大学等12所高校兼职教授。

20多年来，他潜心研究国际和平学、中日关系史、日军侵华暴行史特别是南京大屠杀史，先后撰写《为未来讴歌——朱成山研究和平学文集》《世界和平学概况》《和平学概论》等100多部2000多万字的专著，在核心期刊发表40多篇论文，撰写并在《人民日报》《光明日报》等报刊上发表了200多篇各类文章。并多次在美国、日本、波兰等近20个国家和地区，参与国际学术研讨与和平交流活动。

刘成，江苏南京人，历史学博士，中国南海协同创新中心/南京大学历史学系教授、人文社会科学高级研究院驻院学者、察哈尔学会高级研究员。东北亚和平教育学会(NARPI)执委会委员，亚太和平研究协会(APPRA)理事，国际和平研究协会(IPRA)中国会员，中国英国史研究会理事，江苏省世界史学会副会长。专业领域为英国史、和平学。出版专著8部，译著4部，主编丛书1套，发表论文70篇。

刘成教授最先在中国高校开设和平学课程(2004年)，翻译首部和平学论著《暴力之后的正义与和解》(2003年)，出版首部高校和平学教材《和平学》(2006年)，主编首套中小学和平教育读本《和平成长丛书》(2010年)。并先后五次在华东、西北、东北和中南地区举办和平学国际会议，多次在国际和平学会议上及国外高校发表和平学主旨演讲。

献给

和平学研究泰斗约翰·加尔通

向他致以崇高的敬意

致　谢

本书缘起于 2011 年 10 月 14—16 日在日本京都立命馆大学召开的亚太和平研究协会会议。在此，感谢致力于大会圆满召开的各方人士，尤其向三位捐赠者——人类、自然和科学研究院基金会会长小松昭雄（Akio Komatsu）先生、京都立命馆大学安斋育郎（Ikuro Anzai）博士和山根和代（Kazuyo Yamane）博士表示深深谢意。感谢亚太和平研究协会秘书长川谷佳树（Yoshiko Tanigawa）所作出的巨大贡献。感谢京都世界和平博物馆、国际关系研究所和立命馆大学衣笠研究会的大力支持；感谢立命馆大学国际关系学院学生提供的协助，没有他们，2011 年亚太和平研究会协会会议难以顺利召开。

感谢本书所有论文作者愿意将前沿研究成果与大家共享，为此我们深感荣幸。罗沃特出版社的潘尼特・罗沃特（Pranit Rawat）先生为本书的出版提供了不可多得的帮助，我们向他表示真心的谢意。

君岛东彦

作者简介

君岛东彦(Akihiko Kimijima),日本京都立命馆大学国际关系学院宪法与和平研究教授,亚太和平研究协会秘书长、日本和平研究协会委员。主要研究宪法与和平、日本宪法中的和平主义与全球宪政的关系。最近著文《全球宪政和日本宪法中的和平主义》(载于维迪亚·杰恩(编):《和平、非暴力、甘地的担忧》,拉瓦特出版社,2011年)。

李大勋(Francis Dichoon Lee),韩国圣公会大学和平研究部客座教授,现任和平与裁军中心执行委员、亚洲公民社会教育网协调员(一个致力于亚洲和平、人权和民主研究的大学合作网络)。2012年,被任命为联合国亚太地区女性、和平与安全问题咨询小组的顾问。自2006年以来,一直积极参与、促进UNESCO－APCEIU教师培训班工作。

安斋育郎(Ikuro Anzai),毕业于日本东京大学核工程系。现为立命馆大学国际关系学院名誉教授、京都世界和平博物馆名誉主任。2003年被越南政府授予荣誉勋章。2011年被授予第22届日本久保文化奖、第4届老根里人权奖。

井川和宏(Kenji Urata),东京早稻田大学宪法学名誉教授、瑞典隆德大学客座教授、国际反对核武器律师协会的副主席。出版著作《全球宪政反思》(早稻田大学比较法学学院,2005年)等、撰写论文《美国的道德责任:解读巴拉克·奥巴马的布拉格演讲》(载于《和平与冲突回顾》,联合国和平大学,2009年)、《日本宪法的精神及其普遍意义》(载于《和平与冲突回顾》,2008年)。

维迪亚·杰恩(Vidya Jain),印度斋蒲尔拉贾斯坦大学甘地研究中心政治科学教授、主任。担任过众多重要职务,如亚太和平研究协会

(APPRA)副秘书长，非暴力委员会委员、国际公共关系协会全球政治经济委员会委员、美国夏威夷非杀戮政治科学研究委员会委员。出版著作数本，广受称赞；在许多国际论坛发表过精彩的演说。新作《和平、非暴力和甘地的担忧》(拉瓦特出版社，斋普尔，2011年)于2011年在日本东京亚太和平研究协会峰会上发布。

托马斯·韦伯(Thomas Weber)，墨尔本拉筹伯大学政治学项目名誉会员。撰写多本关于甘地的著作，最新成果如《回归》、《美丽的塞纳》、《甘地、甘地主义和甘地主义者》、《信徒和导师甘地》、《跨国界非暴力干预》以及《苦涩的三月》。

约翰·P.史诺特(John P. Synott)，和平教育、全球化社会学和韩国研究的教师、学者。著有《素质教育：澳洲学校的全球视角》(2009年)、《全球化和国际化研究》(2009/2004年)、《教师工会》、《韩国社会运动和教育政治学》、《台湾和菲律宾》(2002年)，以及多篇关于东亚和平教育、社会学发展和土著权利方面的期刊文章和图书章节。是《和平教育》杂志(2004—2009)的编辑，在《社会选择》编辑组工作了20年。一直是国际和平研究协会成员，自1992年以来担任过数职，2006—2010年任亚太和平研究协会秘书长。澳大利亚昆士兰大学的长期教员，目前任悉尼大学和平与冲突研究中心兼职教授。

拉维·P.巴迪亚(Ravi P. Bhatia)，德里独立教育家、和平研究员。在(印度)德里和(美国)马萨诸塞州大学期间一直接受物理学方面的教育，目前致力于甘地研究、高等教育、环境问题和人权等领域。现为宗教与和平委员会的会议召集人、国际公共关系协会理事会委员，同时还是全球非杀戮中心教育研究委员会会员。

查瓦特·萨陀-阿南德(Chaiwat Satha-Anand)，泰国曼谷法政大学政治科学教授。最新出版著作《论三个先知：宽恕、谋杀和非暴力》(但尼丁：亚伯拉罕宗教集团，奥塔哥大学，2011年)。《和平与政策17——保护神圣的空间不受暴力的侵犯》(即将出版，2012年)一书的副主编。

柬吉拉·萨巴布斯日(Janjira Sombatpoonsiri)，刚完成澳大利亚拉筹伯大学博士学位学习。博士论文探讨使用幽默作为非暴力斗争的工具。

现为曼谷法政大学政治科学学院讲师，正在进行的研究主要侧重于责任原则对保护非暴力抗议活动的影响。

朱拉瓦·达旺维泽桑姆(Jularat Damrongwithitham)，泰国亚洲基金项目官员。其获奖的文学学士论文考察了泰国共产主义暴力镇压期间受害者的经历，部分章节成为帕尔格雷夫·麦克米伦出版社即将出版的一本书的章节。

参猜·查苏科索尔(Chanchai Chaisukkosol)，泰国玛希隆大学人权与和平研究学院讲师。最新发表论文《互联网和非暴力斗争：2005—2006 年泰国反政府运动》(《社会选择》第 3 卷，2010 年)、著作《新的社会契约：泰国政治转型危机的出路》(受到弗里德里希·埃本·司瑞凡的帮助，2012 年)

赛森·塞尔瓦拉贾(Senthan Selvarajah)，自由记者、研究人员。瑞典厄勒布鲁大学全球新闻专业硕士，目前攻读英国斯旺西大学博士学位，研究南半球和平新闻可行性。同时在科伦坡大学法律系人权研究中心工作，担任研究员和出版官员。还担任斯里兰卡共存基金会的研究员。著有《战争与和平的斗争进程：斯里兰卡新闻与和平进程》。

刘成(Liu Cheng)，中国南京大学历史系教授。除了研究和教授现代历史之外，他还是把和平研究作为一门学科引入中国大学的先行者之一。2003 年，访学考文垂大学和平与和解研究中心。多次组织在中国召开关于和平研究的重大国际会议。翻译了约翰·加尔通、安德鲁·瑞格比、大卫·巴拉什和查尔斯·韦贝尔的著作。

新井立志(Tatsushi Arai)，美国佛蒙特州研究生院国际培训学院和平构建与冲突转换系的副教授，弗吉尼亚州乔治梅森大学冲突分析和解决学院的访问学者，夏威夷户田拓夫全球和平和政策研究所研究员。1994 年卢旺达大屠杀后，他在卢旺达国立大学教授国际关系。作为一名教练、调停者和对话促进者，他为南亚、东亚、中东、非洲大湖区以及南非等世界不同地区的民间团体领导人、外交官、军事人员以及国际组织代表组织了一系列冲突解决研习班。出版著作《创造力和冲突解决：和平的可选之路》。(劳特利奇书局，2012 年)

目　录

第一部分

引　言

1　和平学研究的新范式

君岛东彦

本书乃亚太和平研究协会(APPRA)的通力之作。1980年,亚太地区和平研究者在日本横滨成立亚太和平研究协会,隶属于国际和平研究协会(IPRA)。亚太和平研究协会约每两年在亚太地区各地召开会议,2011年在日本京都立命馆大学召开。本书大部分章节以2011年亚太和平研究协会大会报告为基础。我们感谢一些学者贡献了他们最新的研究成果,托马斯·韦伯与我们交情深厚,贡献了关于甘地及非暴力思想的新研究。这些学者们通力合作、共同努力,在和平研究方面实现了新的突破,提出了新的范例。

李大勋所撰写的文章——《和平研究教学:批判安全研究的启示》,从更广泛、更根本的意义上提出一个和平研究新范例。他详细回顾安全的概念,指出后冷战时期"安全概念的传播"是有问题的,如共同安全、综合安全、环境安全和人类安全等。他认为(1) 安全是一个本质上存在争议的概念。(2) 安全需要统一的民族国家认同和忠诚。(3) 安全言论模糊并且边缘化了个体和人类的尊严和权利。关注了批判安全研究、安全化—去安全化研究以及女权主义批判安全研究的最新发展后,他认为以民族为中心、以国家为中心、以安全为中心、以男性为中心的国际关系范例,"国际关系的三位一体"——男性、国家和战争的牢固统一——应当被一种批判性的和平研究新范例所取代。这一范例将剥去安全的假象,废除安全政治,为思考、分析和解放行动提供框架。

3月11日在日本爆发的地震、海啸,特别是福岛核电站事故,对和平研究影响深远。安斋育郎博士《福岛对人类的意义》一文，最初是 2011 年亚太和平研究协会大会的主题报告，给与会者留下了深刻印象。日本 3·11灾难发生七个月之后，亚太和平研究协会大会召开，安斋博士的演讲描述了日本核电发展史，将福岛核电站事故定位为人为灾难。自 20 世纪 60 年代以来，安斋博士就一直谴责日本的核能政策，而正因如此，他一直受到日本政府、业界和学术界人士的骚扰。根据自身经历以及 3·11 灾难，安斋博士为未来和平研究提出了几个议程。

井川和宏的文章《核武器和核能的罪行：从广岛到福岛》，是对 3 月 11 日核电站事故的另一个重要的学术回应。作为一名法学教授、国际反对核武器律师协会（IALANA）的副主席，井川在国内外禁止核武器的法律斗争中扮演了重要角色。3 月 11 日灾难之后，他对非法性和犯罪的理解发展成为不仅包括核武器的非法性和犯罪，还包括了一般核能发电的非法性和犯罪。这一观点得到 C.G.卫拉曼特雷法官和弗朗西斯·A.博伊尔博士的支持。尽管目前在日本和国际法律规定下，“用于和平目的的核能”是合法的，不是犯罪，但井川认为我们可以从改变现状开始努力。

非暴力理论和实践，以及甘地的非暴力理论和实践，在和平研究中一直占据相当重要的地位，亚太和平研究协会大会出现了很多相关报告。本书收录了维迪亚·杰恩，约翰·P.史诺特，拉维·巴迪亚和四位泰国研究员查瓦特·萨陀-阿南德、柬吉拉·萨巴布斯日、朱拉瓦·达旺维泽桑姆和参猜·查苏科索尔的文章。托马斯·韦伯还撰写了关于甘地及其非暴力思想一文。这些成果均属于该领域的前沿研究成果。

维迪亚·杰恩在《抵制英国货运动：全球化的创造性选择》一文中，讨论了作为当地知识体系下保卫自由和信念之灵感和创新来源的抵制英货运动（当地人的自力更生）的概念，这一运动是在当地知识体系下保卫自由和信念之灵感和创新的来源。她认为，共同驱动的全球化是一项通过对贸易、技术和权利的完全控制，来消灭人类所有自由的工程。对甘地来说，抵制英货运动是创造和平、和谐和可持续发展世界的核心。抵制英货运动或者在经济事务中的自我组织是经济自由的基础，没有经济自由，就没有政治自由和自治。抵制英货运动就是自治。

托马斯·韦伯在其学术演说中详细研究了一个非常重要但鲜见讨论的主题。甘地的民主和治理思想是什么？甘地关于国防、安全和国际关系的观点是什么？甘地主义体制可能是什么样的（如果可能的话，早就应该实现了）？在甘地所勾画的理想国中，其政治组织如何运作？为了构建一个更加安全、更少暴力的世界，我们从中可以获得什么样的经验？对这些问题进行审视是非常有意思的。甘地曾清晰地表述了观点：非暴力不仅仅局限于个人使用，它还是一个社会的态度，国家可以进行实践。韦伯博士总结道："有些国家领袖，在某些地方、某个时候也许设想了一个宏大的愿景，并且拥有通过参与起草新国家管理文件来实现这一愿景的勇气和力量，这一点仍然具有可能性。"

约翰·史诺特在《圣雄甘地的和平教育遗产》一文中，探究了圣雄甘地的教育原则和教育实验。甘地深知教育对于创建"新人类"和"新世界"的重要性，并建立一套相当完善的核心精神和道德价值理论。史诺特将甘地的教育计划放在当今更广阔的和平教育背景下进行了讨论。然而，史诺特认为，尽管甘地的视野很开阔，但作为一名民族主义者，其出发点在于印度身份、历史和环境。文章最后谈到甘地关于对和平研究人员和教师进行教育的观点的影响。该文为致力于社会变革以及向和平文化转型的国际文化的和平研究，提供了更加积极的推动方式。

拉维·P.巴迪亚在"处理自然和人为灾难"的论文中，警告我们生活中不同类型的自然灾难，如龙卷风、飓风、火山喷发以及最近发生的海啸，还有一些由于人类的干预而造成的祸殃如核灾难。巴迪亚博士提供了与这两种灾难进行斗争的甘地主义解决方案。他讨论了甘地哲学以及受甘地启发的环境运动，得出结论说需要转变发展模式，通过更简单的生活方式，维持人类环境和生命形式的多样性，避免物质资源的过度开发。他还高度赞扬了甘地的简单生活、道德生活方式，及其为维持环境和消除贫富差距所作出的努力。

如巴迪亚博士的文章所示，福岛核电站事故突显出来的问题之一，是从高能量消耗的文明转向更体面、更谦虚的文明以及尊重自然、与自然的和平相处的必要性。就这一意义而言，日本能再次出现政治活动家、环保主义者、有组织的知识分子、原战前国会议员田中正造(Shozo Tanaka)(1841—1913)纷纷著书立说,是很自然的。① 1912 年,田中写道:“真正的文明不会毁灭山川、河流或村庄;也不会杀戮人类。”本书与这一观点产生了共鸣。

四位泰国研究员查瓦特·萨陀-阿南德、柬吉拉·萨巴布斯日、朱拉瓦·达旺维泽桑姆和参猜·查苏科索尔共同撰写的《幽默、见证和网络非暴力行动:对反抗暴政、种族暴力和仇恨的创新性非暴力战术之当前研究》一文,就是创新性和平研究的一个例子,同时还向我们展示了未来和平研究可能出现的走向。文章关注了三种战术性非暴力行动——幽默、和平见证和网络非暴力行动的使用,向我们展示这些行动在预防和克服暴力方面的潜能。首先,20 世纪 90 年代末塞尔维亚抵抗运动证明了抗议中的幽默有助于防止抗议活动演变成暴力活动,促进和平改变。第二,在马来穆斯林民众和泰国当局之间局势紧张的泰国南部地区,和平见证志愿者组织在预防和减少暴力方面发挥了重要作用。该组织的存在以及泰国公众之间较大规模的信息共享有助于防止紧张局势演变成暴力冲突。第三,如同同在现实世界中一样,在网络空间上也有很出现许多仇恨言论,这些可能包括了仇视、对立和暴力。为了防止这一点,可采取“电子公民抗议”(如“虚拟静坐”)等的战术非暴力战术行动,而非政府审查。文章最后得出结论:由于幽默、和平见证和电子公民抗议都是有效的非暴力行动,让普通百姓变得强大,这些“小行为”可能将发挥巨大作用,在创造性行为发展的进程中,最终将有助于形成一个暴力因素更少的世界。

冲突转换是和平研究的另一重要领域,亚太地区历来冲突不断,亚太和平研究协会大会上对很多冲突进行了讨论、分析和诊断。本书收录的有赛森·塞尔瓦拉贾关于僧伽罗泰米尔冲突的文章、刘成关于中日关系的文章,以及新井立志关于中国大陆和台湾关系的文章。

---

① 例如,肯那斯·斯壮(Kennrth Strong):《抗争暴风雨的公牛:田中正造——日本保守派的先锋》(*Ox Against the Storm: A Biograpghy of Tanaka Schozo: Japan's Conservationist Pioneer*),劳特利奇出版社,1995 年。

赛森·塞尔瓦拉贾在《斯里兰卡从战争到和平的过渡途径：国民幸福指数的概念性定性回顾》一文中，讨论了斯里兰卡的僧伽罗人和泰米尔人之间的冲突。僧伽罗政府取得对泰米尔伊拉姆猛虎解放组织（LTTE）的军事胜利后，这一冲突宣告结束。在斯里兰卡，冲突后重建、恢复与和解等问题迫在眉睫。塞尔瓦拉贾运用国民幸福指数（GNH）的概念对这一过程进行了详细研究。国民幸福指数的概念由不丹国王吉格梅·辛格·王·查克于1972年引进，现在得到广泛关注，被认为是能比国内生产总值更好地衡量一个国家发展水平的指标。塞尔瓦拉贾认为，运用国民幸福指数对冲突后重建进程进行评估是合适的，因为不满足国民幸福指数的标准——心理健康、时间使用、社区活力、文化、健康、教育、环境多样性、生活标准和治理——就会导致暴力冲突的再次发生。他认为，基于国民幸福指数标准，斯里兰卡政府的冲突后重建进程还有很多问题，政府缺乏为泰米尔人重建和恢复的诚意和努力。文章最后，塞尔瓦拉贾提出联合国和国际社会应该采取行动，建立国际援助机制，为斯里兰卡北部和东部地区受战争影响的人们提供救援。

刘成的文章《从和平研究的视角来看中日和解》探讨了中日十五年战争（1931—1945），以及如何克服两国之间的敌对难题。在他看来，十五年战争中日本帝国军队在中国所犯下的罪行是问题的关键所在。这种“民族经历”及记忆促使中国民族主义崛起，而日本不能诚恳正视其自身历史让问题变得更加糟糕。承认历史的真实性能够为寻求共同点奠定基础。刘成认为，只有当人们相信罪恶的过去永远不会重现时，他们才会走出痛苦的记忆、克服愤怒、原谅曾经的敌人或者对将来充满希望。最后刘成作出结论道：日本政府和日本人民诚恳面对过去的行为应该首当其冲。

新井立志在《海峡两岸对话：在台湾海峡两岸青年社团的对话中激发和平潜力》中，讨论了中国大陆和台湾之间的冲突。他旨在促进来自中国大陆、台湾和美国的青年社团代表每年为期一周的对话。“海峡两岸对话”最初是一个学生概念化的活动，已在布朗大学、加州大学伯克利分校举办，新井探讨了从中获得的经验。这一历史性冲突的核心是中国大陆人寻求一致的国家认同和领土完整，而另一方面，台湾人渴望决定自己的政治未来，充分表达他们多样化、不同的公共身份，而不会受到中国大陆的干扰。海峡两岸谈话为两岸年轻一代人提供了高度互动的、体验式学习的独特机会。从促进谈话的经验角度，新井注意到存在四种趋势：(1)双方均将冲突视为一个比较现实的现象，而非神化了的现象。(2)双方都乐于并且能够搁置主权的似乎不可协商性。(3)然而，与上两种趋势不同，青年代表们还背负着对他们大群体身份的强烈情感。(4)双方青年代表们乐于并能够相互产生深深的同情，甚至到了能够跨越政治正确性边界的程度。基于这些观察，新井认为时机已经成熟，可以开始为跨海峡协同战略做出努力，创造强劲的、自适应的、可持续的民间团体交流机制，深化相互依存度，让战争变得不可想象。

对这些冲突的反思和旨在和解的实践对于亚太地区和平变革的努力作出了重要贡献。我相信，这些努力为承担着“和平责任”的人们提供了例证。2000年长崎哲学家高桥信治(Shinji Takahashi)提出了和平职责的概念。① 日本年轻一代虽然不明白为什么被期待要承担战争的责任，但却理解为什么应该担负“和平责任”。尽管“和平责任”的内涵仍在发展之中，但人人应该具备这一意识，且必须承担之。这一点勿庸置疑。

---

① 高桥信治：《原子弹的经历与和平的重任：从哲学的视角》(*The A-Bomb Experience and Our Resposibility for Peace: A Philosopher's View*)，http://wwww.hiroshimacu.ac.jp/modules/peace-e/contennt0177.html

2　和平研究教学：批判安全研究的启示

李大勋

本文旨在确定批判安全研究（CSS）的一些主要观点，改进和平研究以及和平教学、特别是与国际研究相关的和平研究，从而得出一些有意义的启示。批判安全研究的主要观点源自该领域的一些著作，在此基础上，本文补充了女权主义研究的近期成果。文章主要考察和平研究与笔者在实践中发现的以及从各种学习网站、和平研究设计中观察所得出的批判观点之间存在的差距。此外，笔者还认为，当前迫切需要和平研究与教学形成有意义的框架，来反映、体现这些批判观点的批判性、认识论、本体论基础。这些批判针对于国际关系研究中以民族为中心、以国家为中心、以安全为中心的现象，因此也针对以男权为本、非批判性的传统和言论。

安全研究的早期批判和安全概念的发展

有一种批判认为：安全研究一直是美国人的发明，面向全世界。众所周知，自乔治・F.凯南的战后设计以来，国家安全就已成为美国外交政策的关键。由此，安全研究占据了战后国际关系研究的核心。

在这种情况下，大卫・坎贝尔在其美国外交政策研究中讨论了（美国的）国家认同和安全政策之间的关系。[①] 安全政策不仅是一个国家整体政策的一部分，而且是一个十分重要的部分，因为国家认同是通过其他国家的其他存在模式而形成的，其中身份认同是一场生死攸关的斗争。

---

① 坎贝尔。

“那么，一个国家所面临的危险不是客观情况，而是存在于与可能成为威胁的那些人之间的密切关系中。尽管身份是存在感必不可少的一个方面，因差异而形成，但差异也形成于身份构建的过程之中。两者既非天生的、或上帝赐予，也非有意计划而成。”任何特定国家的身份都应该被理解为“通过程式化的行为重复……适时形成”，依靠的“不是(通过)创始行为，而是一个受控制的重复过程”。①

坎贝尔的研究把安全研究人员提升到涉及形成或改变国家身份(如从发展主义国家到福利国家)的国内政治之重要层次。此外，安全研究必定会关注各种政治和社会行为者的角色，在某种意义上，他们为身份形成或改变采取成呈现不同的行动及反应，因为身份的形成是通过划分“内”和“外”、“自己”和“他人”、“国内”和“国外”的边界来实现的。

坎贝尔的研究视角从现实主义世界观中外界所给予的刺激，转向社会的内部构成。于是，引发了怀疑论者的诸多思考：是谁在主导身份的社会构建过程？如何主导这一过程？在这个意义上，将身份问题引入安全分析，就类似于重建安全问题的整个途径。从而揭示了真正的主导者：国家。

为了满足需求，冷战后的安全论述明显得以推广，对各地区安全和生计的关注不断增加，人类尊严和人权的意识不断增强。各种安全新语言随之出现，如共同安全、综合安全、合作计划、食品安全、环境安全、社区安全、人类安全以及女性安全。与此同时，安全的更多象征说法逐渐形成：稳定、平衡、毒品战争、向贫穷宣战、扫盲战争、反恐战争、移民威胁、气候变化威胁、安全控制、社区监控、安全墙、安全社区、闭路电视等等。此外，在人类安全的构想中还出现了后冷战扩张趋势的高潮。它致力于将免于匮乏的自由和免于恐惧的自由相结合，并将之作为更传统的安全，如国家安全的基础。

这种发展或趋势可视为对该政策领域，军事战略主义统治的各种全球/本地反应，以及对其进行研究的现实主义影响。它还可以被理解为对

① 坎贝尔，第3～9页。

超越国家利益的不同领域关注的合法反思。然而,另一方面,这类概念扩张注定不会达到议程无底洞的状态。任何事情都可能成为一个安全事件,反而失去了它所代表的本意。

例如,西蒙·多尔比(Simon Dalby)揭示了安全方法所掩盖的事情本相,认为安全本质上是一个有争议的概念。安全的隐晦性是因为处理社会问题的安全方法存在一个内在的困境,即在提供各种安全的过程中,不安全同时会被复制,常见的方式是二者都会真正破坏安全的最初成果。①

根据菲尔克(Fieke)和其他类似讨论,对安全概念扩散的批判总结如下:(1)"安全"被用作一个模糊的、混乱的、不确定的概念(安全本质上是一个有争议的概念)。(2)安全是统一的民族国家身份和忠诚的需要。(3)安全是反映西方民族国家利益的民族中心主义概念和语言。(4)安全是国家语言,模糊或边缘化个体和人类尊严与权利的语言。②

肯·布斯(Ken Booth)的批判安全研究发展概述

基斯·克劳斯(Keith Krause)和迈尔克·C.威廉姆斯(Michael C. Williams)编辑的《批判安全研究:概念和案例》是将这些讨论汇合成为一个学派的里程碑。尽管两位学者在书中没有明确定义一个自己的"批判"方法,但此书代表了对新现实主义安全研究的全面批判。然而,此书被视为相互并不连贯的批判的集合,并非完全符合考克斯的"批判"概念。③

回顾这类关于批判安全研究的最初著作,肯·布斯总结了批判安全研究的两种主要途径:一是社会理论的批判理论传统;二是国际关系理论的激进传统。两种途径可以整合起来。④

布斯认为,批判理论传统形成的来源包括法兰克福学派、安东尼奥·葛兰西(Antonio Gramsci)、马克思传统的作品和一些同时研究社区、民主、武力和法律之间的关系的国际关系批判理论(如戴维·赫尔德)。布

---

① 多尔比,第13、22页。

② 菲尔克,第33~52页。

③ 克克斯。

④ 布斯。

斯从社会理论中的批判理论传统中提取了四大核心主题:(1) 所有的知识都是社会进程。(2) 传统理论扩大了自然主义和简化论的缺陷。(3) 批判理论为政治和社会进程提供了基础。(4) 理论的检验标准是解放。①

关于批判理论传统的第二个来源,布斯指出对激进国际关系传统作出贡献的五个学派,即:社会理想主义的哲学传统、和平研究传统、世界社会或世界秩序学派、女权主义理论和历史社会学。同样的,他概括出四大主题:(1) 人类社会是自身的发明。(2) 递减理论一直主导着国家间的政策。(3) 国家和其他制度必须去自然化。(4) 先进的世界秩序价值应该告知旨在加强世界安全的国际政策的方式和目的。②

布斯提出了更具批判性的批判安全研究的试探性建议,如下:

"批判安全理论既是理论承诺、也是政治取向。作为理论承诺,它包括关于本体论、认识论以及世界政治中安全、社区、解放实践的批判性、永久性探究的一系列思想。作为政治取向,可以通过以加强安全为目的的解放性政策和各个层次的社区网络来理解这一理论,其中包括潜在的社区共同体——共同人性。"③

对此,塔拉·麦科马克(Tara McCcormack)补充说,除非批判安全研究放弃人类安全中的自由传统,呼吁更高的安全性,否则该理论就不能兑现成为一个解放事业的承诺。④

安全化—去安全化研究

安全化研究是由所谓的哥本哈根学派倡导的安全分析框架,该学派由巴里·布赞和奥利·维夫(Ole Waever)领导。在这里,安全是一种带有目的性的语言,而非现实的客观反映,或者本质上与身份的表述性特征相联系。在奥利·维夫的安全化论文中,这一概念或许最能贯穿其研究

① 布斯,第 261～264 页。
② 同上,第 264～268 页。
③ 同上,第 268 页。
④ 麦科马克,第 139～142 页。

框架。维夫(Waever)的论文以语言行为理论为基础,经常被引用的话是:

"在语言理论的帮助下,我们可以把'安全'视为一种语言行为。在这种用法中,安全作为符号来代表一些更'真实'的东西,并无多大意义。它本身就是一种行动的语言。在说的同时,行动已经结束(如赌博、做出承诺、给一只船命名)。通过谈论'安全',一个主权代表藉由某种特定的发展扩大到一个特定区域,从而宣称特定的权力,采取一切尽可能的手段来圈定这一区域。"①

奥利·维夫安全研究的语言行为论以语言理论为基础,关注的是一种语言行为的社会性质。维特根斯坦认为,语言是社会游戏的一部分,而不仅仅是传达语言使用者意思的媒介。口头语言通过实施某些社会行为发挥一定的社会作用。没有"错误"的意义——意义产生于使用的过程,即如何如何进行某一特定的社会行为。大部分语言,即使不是全部,具有施为作用。

巴赞为我们指出应该关注的方向;在一个国家的内部结构里,安全语言、尤其是语言行为,是让说话者和听众融入共同建构过程的行为。然而,安全是语言行为的一种特殊形式,其具备的逻辑性排除了那些被认为会威胁"我们"安全的东西。它本质上是一种划分边界的语言,包括观念上和政策上的实际边界划分。

因此,安全是歧视性语言,因为说话者声称自身比其他行为者具有优先权,目的在于证明他拥有使用针对特定问题的紧急措施的合法权力。只有在安全语言成功唤起对某个问题极端重要性的理解的时候,这一目的才能实现。同时,安全是构成性语言,因为它指出的潜在威胁可能就是由语言行为本身而产生。这些便是涉及安全语言的语言行为的特性。

理解涉及安全政治本质的语言行为之构成性特征后,我们来看奥利·维夫安全研究的安全化方法。

"'安全研究'的一个主要问题应当是安全化和去安全化:精英们何时、为何、如何把问题和发展定义为'安全'问题?在这样的努力下,他们

① 维夫。

何时、为何、如何取得成功或遭遇失败？为了把安全化提上日程，其他群体会作出什么样的努力？我们是否能争取让问题不被列入安全议程、甚至把已经安全化的问题非安全化？”①

这一观点表明，在“重新定义”安全的实践中，安全概念的扩张让“安全”的核心意义无可争议，反而推动安全化朝着更广阔的社会生活领域方向发展。② 因此，安全化方法从根本上背离了扩张的趋势，因为它直接向该主张的核心发出疑问——谁把问题安全化，为何以及如何。

迈克尔·狄龙(Michael Dillon)的安全政治

在《安全政治》一书中，狄龙对安全研究的一个主要问题进行了全面的、根本性的批判，即安全研究的民族中心主义本质——西方世界和安全研究之间的纽带。

狄龙提出了一个关键论点：安全渗透到并形成政治，反之亦然，国际关系安全是其经历或脱离现代化的试验场：

“安全的发展历史不是已成型的个人或集体项目对普世价值的追求。鉴于安全对所有既定政治模式的基本意义，整个西方政治传统中，安全历史是“什么会成为政治话题，什么会成为政治性话题”这一问题的不断问题化。

“国际关系是一门学科，关注超越现代的政治事业及其如何在全球范围内运作。我关心的是我们如何在政治上超越现代人。我认为这里的超越是超越现代政治想象力，不仅仅是被废弃后幸存。”

“事实上，它(安全)一直与保护政治安全本身的根本依据相关；具体说明人们所认为的政治的本质是什么。”

在此，需要提出一个不经常被提到的问题：“我们必须要确保安全吗？(这是)哲学和政治的重要结合。”同时也是在西方国家从教堂到国家这一主权传承意义上，哲学和政治的重要结合。“……教堂外没有救赎……救

① 维夫，第57～58页。

② 同上，第47页。

赎是精神安全的终极形式，现在与‘国家之外没有安全’的格言有明显的联系”因为国家无所不知。

这给政治带来的影响可以被称为安全政治，远远超过安全所涵盖的传统、扩张主义的方法。它是爆发的真理、权力和主题、精确的推理、最终的知识和末世论。

“有哪些关于人类状态的真理……被认为是隐藏在安全之中?

确保安全之行为为我们、对我们做了什么工作?

借以安全真理之名的统治产生了什么影响?

如果安全的真理迫使我们不得不确保安全，那么这个基本的强制力量为什么、如何、从哪里能够找到依据?

寻求安全是如何成为国家(间)为人类迫切追求的、坚持不懈的当务之急?

追求安全是一种什么样的事业，是如何通过代表性、计算性的思想、技术和主体化，与寻求自由、追求知识等现代人的其他关注和事业相联系? ……一个终极悖论……”

“因此，哲学家发言时俨然像一位安全专家，一位不仅关注什么是基本价值，而且还越来越操心自己如何得到安全保障的安全专家……”

“因此，国家(间)安全在政治本质上是一种末世论；作为一种最不希望出现的情况，极限情境被政治视为可决定的、决定性的终点。但因为末世论也通过各种用语(如本质、原因、目的和启示)，与事物初始有着不可避免的关联……并将结束具体化(极限情境成为终结，而不是阈限)，安全政治还要求必须辨别出政治的出现。”

以上引用表明下列几个含义:(1) 安全是西方政治思想的核心。(2) 安全是一大学说，奠定了现代政治尤其是权威、忠诚、归属、知识阶层、安全、保护、国家等概念的一切基础。(3) 国家的安全与教堂的救赎是对等的。(4) 对威胁的敏感度与一个国家的存亡相关，与世界末日(末世论)相提并论。(5) 与安全专业知识以及旧教堂神职人员相关。在此仅列举狄龙著作中的几个观点。

对安全研究和解放的女权主义批判

安·蒂克纳(Ann Tickner)从性别视角,对国际关系研究中的现实主义和新现实主义传统进行批判。[①] 持相同观点的还有贝蒂·里尔登等人。他们认为不考虑性别的国际关系研究有深层次的问题,事实上支撑了杰基·特鲁(Jacqie True)曾呼吁关注的一点:国际关系研究的三位一体——人类、国家和战争的牢固统一。特鲁认为这是从女权主义角度进行国际关系研究的主要批判目标。[②]

2009年《安全研究》杂志重点突出对国际关系研究中女权主义研究的主要批判:

"自由女权主义作品呼吁关注女性在全球政治中的从属地位,认为可以通过让女性融入全球政治的现有结构中来消除压迫。批判女权主义探索了性别认同和性别权力在世界政治上的观念和物质表现。女权主义建构主义关注意思的性别语言表现,尤其是强/弱、理性/感性以及公共/私人的二分法,是如何赋予男性权力、排斥女性,并构成全球政治。后殖民女权主义者赞同后结构女权主义者的很大部分认识论假设,但同时还关注在全球政治和学术工作中的性别关系、甚至在女权主义者之间的关系中,帝国主义下建立的殖民主义主从关系是如何得到反映的。"[③]

女权主义者确实为和平与安全的传统观念提供了选择,和平就是没有战争,安全就是最大程度的自卫。他们认为和平需要社会公正和经济平等,这与约翰·加尔通的方法类似。这意味着将女性的关注理论化,并纳入到结构暴力的概念中,但主要从女性角度对关系、需求和移情(而不是机构、组织和目标最大化)进行研究。[④]

然而,与这些呼吁更好的或可替代安全的常见观点不同,例如蒂克纳和里尔登对人类安全、真正的安全和全球安全的建议(这些都广为人知、

---

① 蒂克纳。

② 约博格,第183~213页。

③ 同上。

④ 特瑞夫等,第95页。

在很多和平研究中得到使用)，近期的女权主义学者关注的是用更根本的批判方式废除安全政治和言论。

乔纳森·D.沃德利(Jonathan D. Wadley)调查了如何利用朱迪斯·巴特勒(Judith Butler)的理论将一个国家视为人格化的行为者。[①] 沃德利认为，不仅在国际安全领域中对性别的沉默比其他领域更明显，而且通过突出自己作为稳定的、阳刚的保护者，也就是通过安全的实现，国家的性别物化也是可能的。国家经常表现为有感情的个人，如恐惧和愤怒、情感和理性，以及国际关系中带有目的的行动和盘算。人格化的国家采取人体的形象，大脑用来思考和感觉、身体易患疾病或受伤、四肢采取行动、灵魂拥有一个身份和连续性。这一身体有血、有肉、有皮、内外分明，经历外部的感染就会流血。因此，一个领土—家族式的主权国家作为一个人类身体(实际上是一个男性身体)出现，那么争论就围绕着这个身体是不是安全的保护者而展开了。

有趣的是，这也与安全性讨论中奥利·维夫的国家表演性讨论有关。她的主要论点是：(1) 国家的人格化对绘制国际和国内边界至关重要，这是一个性别化的过程。(2) 安全研究完全删除了国家人格化中的性别，充当安全提供者的角色。(3) 国家通过实现安全让自身具体化。(4) 国家的这种身份正是由作为其结果的所谓的“表达”来组成。(5) 男性性别的二元性被人格化的国家复制(外部是理性和坚强不屈，内部是伪装成谨慎的保护)。

长期以来，克里斯汀·西尔维斯特(Christine Sylvester)一直认为国际关系是高度性别化的，汇集了男性决策者，却未能考虑到作为知识和理论代理人的女性。[②] 最近，她一直从事关于恐惧的理论化研究，以及恐惧在性别化政治中是如何形成和使用的。[③] 这种恐惧是安全政治的基础(事实上在很多和平研究中也是如此)，但现代社会的恐惧反映了对最大限度

---

① 沃德利。

② 特瑞夫，第94～95页。

③ 西尔维斯。

(性别)一致性的渴望。换句话说,恐惧具有性别化,是一个政治领域,在其中性别化关系的产生与国家权威相关。恐惧让人们边缘化、陷入沉默。恐惧制造权威。西尔维斯特让我们注意到安全政治无形、无声的现实,恐惧是如何创造和产生权威的,强调在性别化国家内,安全得不到改进,而被截然不同的态度、制造恐惧的理论化所废除、取代。这对国家权威和后权威国际关系当前的讨论产生了重要影响,如罗尼·D.利浦舒特(Ronnie D. Lipschutz)的讨论。①

对和平学研究的影响

和平学研究和教学的开始和核心通常是对暴力的理解,以及如何限制或消除暴力。当安全代表的是与现代民族国家体系相关的安全和保护的最现代设想,那么和平研究对暴力的关注以及现代国家被认为提供安全保障的方式之间应当有一种紧密的联系。

安全研究中的批判思维已取得实质性的发展,但它对和平学研究和教学的影响却并未进行充分探讨。在此,笔者初步总结了以下几个方面的影响:

● 所有知识都是社会过程。这意味着与安全相关领域的知识如恐惧、安全、保护和武力等,都涉及一个社会特定的社会过程,应当在和平研究中更加积极地展现与这些知识领域有关的国家—男性—战争—安全的构建方式。

● 安全是现代政治研究,包括国际研究的核心。和平研究需要通过聚焦内外边界包括国内外边界模糊的问题等严肃的方式来面对和处理,并将这一问题与暴力是如何产生的、如何在保护边界的外衣下(同时各种边界)进行调整的关联起来。

● 关于安全和国际关系的传统理论助长了自然主义和简化论的不足:这意味着和平研究在关于暴力、安全、身份、性别、领土权和其他类似问题的自然主义和简化论论点上应该更加具有批判性。这种批判应该对

① 利浦舒特。

不同社会和平言论中发现的各种自然主义言论和语法进行深入调查，将调查结果与制定替代的和平语法和语言相结合。

● 如果批判研究能提供思考、分析和解放行动的框架，那么和平研究也应该如此。关于旨在解放、以及从哪里获得解放的和平研究，应该更加严格地进行分析探讨。在这方面，两大学派之间应加强交流，无论是研究还是教学交流。

● 为了掌握国际关系和安全研究，以及女权主义国际关系研究和边界研究中最近的争论，和平研究应该更具批判性，重点涉及以下几方面的现实：批判与承诺的探索、新认识论以及世界政治安全、社区解放的新实践。

● 和平研究中的安全分析可以更好地被视为一种对制造安全问题或非安全问题的政治进程的批判。最好用一种非自然的方式审视和使用安全这一术语，更加关注人们和政权是如何以及为何调用这种语言。这将开启和平研究的一个新领域——我们如何以及为什么需要将一个安全现象非安全化，也就是说重新解释这种现象，给沉默一个意义，找到隐含的主题，把他们的故事和语言摆出来，解构权力关系和安全方式的其他影响。通过另外一种可能的政治进程——非安全化，对民间团体、民主、人权和非政府组织的研究就可以很好地联系起来，尤其是关注他们在废除安全政治方面所发挥的作用。

这将引发对安全专门知识或安全认知团体的重新审视，这是创造另一个和平认知社群的必要步骤，将对安全专业知识的等级改变形成影响。这种等级是现代生活中安全政治霸权不可分割的一部分。

● 忽视国际关系中的性别、对国家男性人格化的沉默，是男性和安全之间联盟的基础。因此，国家和安全研究在和平研究中应该更尖锐、更具有批判性。女权主义应该是和平研究和教学不可分割的一部分，尤其是考虑到女权主义声称国际关系的性别化性质集中在国家—男性—战争（或安全）的三位一体上。因此，性别化的非安全化应该与这三位一体截然不同。

● 应该认真考虑女权主义批判，尤其是对国家人格化这一性别化本质的批判，以便形成另外一种分析国家行为的语言和言论。这是因为在和平研究中，这方面的沉默一直十分盛行。在和平的实际研究和教学中，除了人格化的国家语言以外，明显缺乏其他语言。

● 国家行为和国家之间国际关系的研究可以通过关注他们的表现性、尤其是安全问题上的表现性来更好地考虑。在非自然化渗透国际事务甚至日常故事的暴力和权力的现实主义叙述方面，表现性的概念将会发挥至关重要的作用。表现性方式可以在应对现实主义范例中加强和平研究和教学（如世界的本来面目，真实的自然）。

● 对恐惧、恐惧感知、威胁、威胁感知、威胁—身份—伦理关系的研究应当积极融入和平研究中，特别是在形成将威胁作为既定现实的传统批判性思维和理论之中（威胁的实证主义思想）。

第二部分

回顾后福岛核时代

3 福岛对人类的启示

安斋育郎

2011 年 3 月 11 日 14 点 46 分，日本本土东北部发生一次极具破坏性的地震，造成大约 2 万人死亡。3 万多人为了躲避地震、震后的海啸以及该地区受损核电站发出的辐射而寻求避难所。地震等级约为九级，是日本现代历史上震级最高的一次。这次地震被称为“东日本大地震”，其破坏程度是 2011 年 2 月 22 日新西兰克赖斯特彻奇地震的 11 000 多倍，是 1923 年东京地区发生的关东大地震的 45 倍。关东大地震大约造成 14 万人死亡。

那天晚上，当第一次被告知这次严重核事故时，我深感遗憾，因为作为一个辐射防护方面的专家，我没有能够阻止这次灾难。但自 20 世纪 60 年代开始，40 多年来，我一直严厉谴责政府的核能政策。作为一个一直致力于核科学、核技术领域的科学家，我一直感到很惭愧，因为我没有能力成功地说服我们的政府和日本人民，让他们相信核能发电的风险，特别是福岛核电站呈现出来的悲剧风险。

我于 1964 年从东京大学毕业，是日本核工程系的第一批学生。48 年前，我的毕业论文主题为“关于严重核事故的防范措施调查”，尽管当时日本还没有核电站。众所周知，20 世纪 60 年代开始修订《日美安全保障条约》。该条约让日本深深地卷入了越南战争，整个国家为美国提供了很多军事基地，尤其是冲绳。除了菠萝炸弹、球形炸弹、钉子炸弹、脱叶剂等各种新类型武器外，美军甚至计划在越南使用 B43 氢弹。在立命馆大学的京都世界和平纪念馆，展出了冲绳伊江岛训练时使用的一个 B43 氢弹模型。

20世纪60年代也是日本政府推行经济快速增长的所谓的“收入倍增政策”时期，该政策导致了严重的环境污染、工业事故、大规模药物中毒等事件。包括工人、教师、研究人员、工程师、母亲和学生在内，很多人开始意识到企业、技术专家和科学家所承担的社会责任的重要性。1965年，为了科学发展，本着独立、民主、和谐的原则，一个名为日本科学家协会的科学家组织成立起来。该协会由自然科学领域以及社会和人文科学领域的独立研究人员和学者组成。1966年，我加入协会，成为负责关注政府核能政策活动的理事会成员。在这里我更加全面地学习了核问题，不仅关于核能政策的科学和技术方面，还包括政治、经济、社会和文化方面。当地社区的人们邀请我参加关于核安全问题的讲座会议，并咨询与我的研究领域相隔较远但对他们的社区生活至关重要的各种问题，这些问题也让我深受教育，甚至束手无策，因此敦促我更深入、更广泛地学习有关核能的知识。

提出核能政策的六个检查点

1972年，我遇到第一个同时也是非常重要的一个机会，应邀在日本科学理事会(JSC)组织的第一次核能发电学术报告会上做主题报告，该报告会有时也被称为日本科学家议会。日本科学理事会实质上是日本科学家的官方代表机构，全日本大约30万科学家通过直接投票选出科学理事会210名成员，他们来自7个不同学术领域，每个领域30名科学家。当时我只有32岁，对于像我这么年轻的科学家，能有机会在日本科学理事会上就如此重要的问题做主题演讲是非比寻常的。

关于日本核能政策健康与否，我提出了六个基本检查点，即：(1) 国家能源政策的独立性。(2) 发展不是为了经济增长，而是把安全放在第一位。(3) 不会破坏当地社区发展政策的国家核能政策。(4) 防止核能用于军事。(5) 为核电站工人和居民的生命提供安全保证，针对严重事故的可靠的安全措施。(6) 核能管理的民主性。通过日本科学家协会成立以来的社会活动，这些检查点逐渐成型，一段时间以来都充当了19世纪 70 年代日本反核运动的主要原则。

第二年即 1973 年，作为核科学和核技术领域的 10 名科学家之一，我应邀前往日本国会陈述对国家核能政策的意见及观点。利用这次机会，我狠狠地批判了政府的政策。当时，我是一名在东京大学医学院放射卫生系工作的助理讲师。东京大学是国立大学，作为一名国家政府雇员，我仍然严厉地批判国家的核能政策。这次批评让我在今后的学术生涯中经历了各种各样的骚扰，后文将介绍之。

在福岛的经历

1973 年 9 月，我与核电站附近居民一起，深入参与到福岛反核能运动中。政府举行了关于福岛核电站的公开听证会，这是日本第一次举行关于核能发电的官方公开听证会，堪称日语中所谓“捏造报告（Yarase）”的典型案例，即虚伪的或不真诚的会议。大多数发言人和听众都是从赞成在福岛引入核电站的那些人中故意挑选出来的。然而，我和其他科学家、律师及当地社区的人们合作，向公开听证会派出代表，就核电站的风险提出问题，澄清国家核政策的危害性。反核居民提名我作为他们的代言人，经过他们的努力，让我有机会在那里做一次演讲。然而，在现场最让人惊讶的是一位支持核能的女性所做的演讲，她由福岛核电站附近的当地社区推选而来，这些核电站现在也陷入了危机。她说，“我们不需要担心核辐射的负面影响，因为 1973 年全国高中棒球联赛中，获得冠军的高中棒球队就来自福岛，这是一个被原子弹轰炸的城市，还曾有人说这个地方 75 年内会寸草不生。”提到那些在被核武器破坏的地区长大的年轻人非凡活力，她似乎暗示着辐射的危害并非像事实所担心那样危言耸听。听到这种不科学的叙述，我痛心疾首。然而不幸的是，它似乎对日本公众接受核电站产生了一些影响。

日本核电发展简史

现在，我来介绍一下日本核电发展的简史。

太平洋战争刚结束不久，日本电力主要靠水力发电站发电，只有一家电力公司，名叫“日本电力供电公司”。当时日本实际上是由美国占领统治，美国通过日本政府间接管理日本，而不采取直接管理政策，裕仁天皇是日本人民团结的名义象征。1951年，美国将日本电力公司拆分为北海道电力公司、名古屋电力公司、关西电力公司、中部电力公司、四国电力公司和九州电力公司。这一过程凭借日本经济体系民主化的名义，通过瓦解所谓“财阀”，即金融资本集团来完成。但美国真正的战略意图在于让日本电力生产依赖美国。例如，关西电力公司仅限于为关西地区的大阪、神户、京都等大城市提供电力服务。这些城市在战后重建中需要大量电力，而关西电力公司在其所在地区并无足够的水电资源，导致公司不得不依赖火力发电站，因此需要在消耗大量电力的地区附近建立火力发电站。早期阶段，日本生产的大量煤炭都用于火力发电。随着发电燃料逐渐采用石油，日本急剧地依赖美国能源战略。接受美国提供的核技术，引进最初在美国发展起来的核电站——日本核能发展的特点从根本上说就是沿着这条线发展的。

另一方面，日本是唯一一个经历过核武器浩劫的国家。1945年，美国向广岛和长崎投放原子弹，造成30多万人丧生。然而，国际社会却无机会获知原子弹爆炸造成的可怕伤害与后遗症，因为美国通过新闻法典或新闻审查制度，禁止报道这一悲剧、禁发照片，并于1946年7月1日重新启动核测试。三年后，1949年前苏联制造钚炸弹成功，又激发了美国研发氢弹的热情。

1954年3月1日，一艘名为“幸运龙”的日本金枪鱼捕鱼船暴露在致命剂量的放射性沉淀物下，这是美国在比基尼环礁进行的一次氢弹试验遗留下的。试验的爆炸威力为1 500万吨级，是整个二战时期使用的所有炸弹爆炸威力的五倍，包括在广岛和长崎投放的两颗原子弹。七年后，1961年苏联进行代号为“大伊万”的5 000吨级氢弹试验，是二战时期爆炸总威力的17倍。因此，20世纪50、60年代正处于美苏核武器竞赛的中期。这场竞赛以核威慑和获得军事力量平衡的战略政策为基础，最终导致被称为“相互保证毁灭”政策，简称“MAD”。

1954年3月1日，美国在比基尼环礁进行了一次名为“布拉沃

(Bravo)”的氢弹试验。该试验激发了日本人在 1954 年发起反核运动。两天后，由后来当选为日本首相的中曾根康弘创建的日本保守党，在国会上迅速通过了一笔 2.35 亿元的预算用于核反应堆建设。“235”这一数字来自“铀 235”。1953 年，中曾根康弘参加哈佛大学亨利・基辛格教授主导的国际研讨会，与美国方面合作，提出组建日本“和平利用原子能”项目的设想。后来，读卖新闻公司老板正力松太郎举办一系列旅游博览会，旨在推广和平利用核能。1959 年，我有机会在东京参加一次博览会，大会在东京市中心展出了一个真正的核反应堆。

而需提及的是，1954 年第一个实用型 5 000 千瓦核电站建成并投入运营，地点不在美国，而在前苏联莫斯科附近的奥布涅斯。当时，美国原子能法案禁止私人企业参与核能源开发，直到前苏联成功建立实用核能发电站两个月后，该法案得到修订并通过。美国利用为战略核潜艇建起的核反应堆系统急速发展核电站，1958 年，希平港核电站成功运行。1957 年，一篇题为《大型核电站重大事故的理论可能性及后果》的 WASH－740 报告(布鲁克海文国家实验室报告)指出“最大设想事故”可能造成的后果将是 3 400 人死亡、4.3 万人受伤，财产损失达 70 亿美元，这一数字是当时日本国家预算的两倍多。对一个私人电力公司而言，影响实在太严重了，出了问题根本无法处理。约半年后，美国通过普莱斯安德森核行业赔偿法案，常称为《普莱斯安德森法案》。根据法案，私人公司可以得到约 126 亿美元以上的任何索赔(截至 2011 年)。该法案被认为是激励私人核能生产的必要之举。四年后，日本通过一项类似法案——《核损害赔偿的补偿合同法案》。显然，假如没有国家援助，核能行业无法在这样的灾难性状况中幸存。

1973 年，日本通过《促进电力资源开发税收法案》后，接纳电厂建设计划的地方政府每年得到 1 000 万美元以上的补贴。地方政府的参与进一步加强了政府和电力公司之间的联系。每个电力消费者自动成为纳税人，每 1 000 千瓦电力消耗大约支付 5 美元，每年大约创造国家税收 500 亿美元。当地社区可拥有三年特殊补助，但在此期间建设的基础设施需要持续的维护资金，因此，更易于引进更多的核电站。

福岛一个支持核电的居民组织四处张贴海报，呼吁推广核能。20世纪70年代，日本科技厅使用右边这幅半裸形象的海报，批判反核人士是“能源过敏”。

此外，当地社区居民也被动员起来引进核电站。如正遭受核灾难的福岛县双叶区，早在20世纪70代就成立了一个“建设美好双叶区”的居民组织。他们甚至张贴海报，上面写着“让我们用自己的‘力量’推动核电站建设，为建设富裕双叶区开辟道路”。于是，居民们纷纷被卷入国家推广核电的动员浪潮之中。

当然，许多核专家被要求为政府正式发表关于核能发电安全性的权威论证。但媒体对此不但不披露，反而推波助澜，散播核能发电既安全又经济的这种充满幻想虚妄的谬论。

有人认为日本的核能发电一直受制于一个“五角形”，即中央政府、核电行业、地方政府、专家和记者。我认为那些支持核电站入驻当地的居民组织也应该加上，形成一个“六角形”，类似于战时形成的国家动员结构。这六角形构成一个所谓的“核村”：相当封闭、排外、吝啬。20世纪60年代早期，我本人也属于“核村”的一名成员。但到70年代，当被认定是该政策的危害性批判者后，我被无情地逐出了村子。

学术生涯受到骚扰的个人经历

从20世纪70年代初，我便公开批判政府的核能政策。自此，我在东京大学的学术生涯开始受到严重骚扰，被排挤出教育系统，研究经费被完全裁掉；到日本各地巡回演讲时，经常被负责监视我的电力公司员工尾随。实验室里，一名从东京电力公司派来的医学实习生坐在身边，监视我关于反核运动的一举一动。从早到晚，不许任何人跟我交谈。在申请其他学院或大学教授职位的过程中，我经历了各种各样的阻碍和干涉。我的老板私下跟我说，未经他的允许，我不能做任何学术报告。而基于对学术自由的信仰，我发表了一些不需太多资金便可完成的理论研究论文。因此，仍得到很多年轻研究人员的大力支持，常被选为日本健康物理学协会的理事会成员，这是辐射防护领域的一个学术机构。20 世纪 70 年代中期，我甚至担任了该协会秘书长。理事会召开后第二天，东京电力公司派来一名成员，邀请我去东京老市区一家马肉餐厅吃晚饭，并要求我去美国留学三年，我诚恳地拒绝了。

能挨过这段非常艰难的时期，首先归功于我个人对有尊严生活的信仰；第二是科学和公共运动领域理解我、支持我的人们；第三，或许是最为重要的，那就是我的合作者的支持。非常有趣的是，1979 年 3 月，美国三里岛发生严重的核事故后，我和老板的私交关系在某种程度上得到讽刺性的改善。他似乎明白我对"核能发电的危害性"的警告并非完全是无稽之谈。在东京大学，我一直呆在助理讲师的职位上干了 17 年。直到 1986 年，我来到立命馆大学，这实为一大幸事。

20 世纪 70～80 年代，安斋撰写了大量核能方面的书籍，如《日本核能发电》（Shin-Ninon Shuppansha，1974），《核能和环境》（Diamondsha，1975），《人体内的放射性物质》（Godo Shuppan，1979），《核电事故手册》。

2011 年 4 月，安斋及时出版《福岛核电站事故》（Kamogowa Shuppan）一书。

我必须将亲身经历的、违反宪法的这种自由压迫联系，与日本核能开发的背景联系起来。这种大环境似乎是让日本社会陷入险境的一大关键因素。

福岛发生了什么？

让我们来考察一下福岛受辐射地区的情况。3 月 11 日事故发生后，我曾三次前往该地（四月中旬、五月初和八月初），首先是去拜访一位共事 40 年的朋友，我们曾共同致力于建立无核风险社区；其次是给教师、市民、工人、年轻的母亲和专家做几场讲座；第三是向那些需要我的人提出关于辐射防护的建议；第四是测量辐射水平，对包含辐射性物质的土壤进行取样检查。

在核电站附近及所谓热点区，甚至在 60 公里之外、约有 2.8 万人口的福岛市，辐射水平一直都很高。我对易威奇市和浪江町进行辐射调查，两地相距大约 80 公里，结果显示：易威奇的辐射水平约为 0.5 iSv/h，然后逐渐上升至 20、30，到核电站西北地区甚至上飙升到 50 iSv/h。

外部辐射的主要原因是沉积在土里的放射性铯-137。据经济产业省的评估，从福岛核电站释放出的铯-137 总量估计是广岛原子弹释放量的 168 倍。但国际社会上一些科学家估计，总量只是其三倍多。现在沉积在土里的大多数辐射性物质主要是核电站氢气爆炸后一周内释放出来的。值得注意的是，放射性铯紧紧附着在地表层几厘米深土壤层里。我曾与谷川佳子（Yoshiko Tanigawa）女士合作，亲自验证过铯-137 不易溶解于水，即使用大量的水清洗土壤也无济于事，这是福岛黏土的特性。去年秋天，在福岛受污染土地里长出的大米的辐射水平相当低，主要就是因为这种土壤属性。试验还表明，在福岛案例中，降雨不会轻易冲洗掉辐射性铯，向日葵可能也不会有效地净化土壤。

左图：安斋育郎在 71 岁生日那天对福岛核电站附近受污染的土壤进行取样（2011 年 4 月 16 日）

右图：安斋育郎在距离福岛核电站 30 公里的浪江町测量辐射水平（2011 年 4 月 16 日）。辐射水平高达 30 iSv/h，比东京的正常水平大约高 400 倍。

左图：福岛讲座会议（2011 年 4 月 16 日）

右图：向一个非政府组织捐赠测量仪器（2011 年 5 月 7 日）

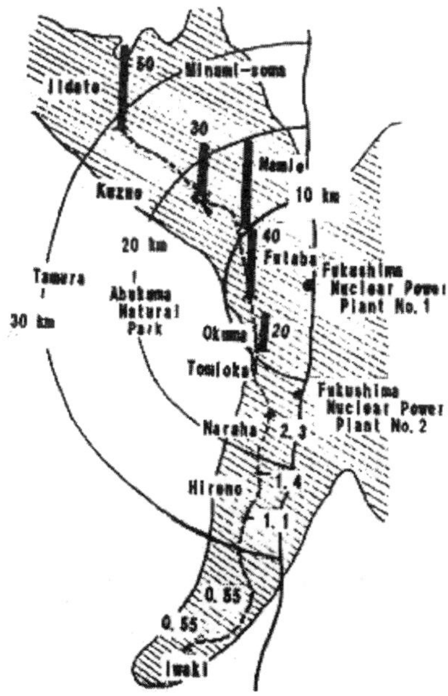

福岛不同位置的辐射水平。数据是用微西韦特每小时表示的辐射率。日本的普通强度为每小时 0.06～0.07 微西韦特。根据紧急时期迅速预测放射能影响系统（SPEEDI）估计，在阴影部分表示的地方，（3 月 12 日）早 6 点到（3 月 24 日）0 点之间甲状腺内部辐射剂量可能达到 100 毫西韦特。

因此，为了减少地面上的辐射水平，去除几厘米地表层是相当有效的。2011 年 5 月我第二次来到福岛，在福岛市一个幼儿园进行了一次实验以证明清除表层土壤的有效性。但这次实验仅仅清除了 2～3 厘米的表层土，辐射水平就显著下降，幼儿园的管理员努力清除了被污染的表面土壤，让孩子们在十月初进行了一次户外活动。

谷川佳子用表层土壤进行去污试验。这些表层土壤是8月初由安斋育郎在福岛县丰明市采样取得(摄于安斋科学与和平办公室)。

我相信我们应该认真努力,采取任何可能的措施来保护人们尤其是年幼的孩子们,免受严重核电站事故造成的电离辐射影响。从某种程度上说,我们这代人对核电站有依赖性。在京都,我们现在心安理得地享受着距离会议地点仅60公里的核电站产生的电力。在毗邻京都的福井县,大约有14个核电站,已经积累了大量高放射性废料,需要由后代人处理。未来的世世代代不得不设法将这些危险的核废物与人民的生活隔离数千年。他们必须消耗巨大的资源来处理这些不会为他们产生任何价值的核废物。今天,我们正享受着核能,却要给我们的子孙、数万年后的后代留下一笔巨大的"负财富"。扪心自问:我们这样做是否有违伦理?

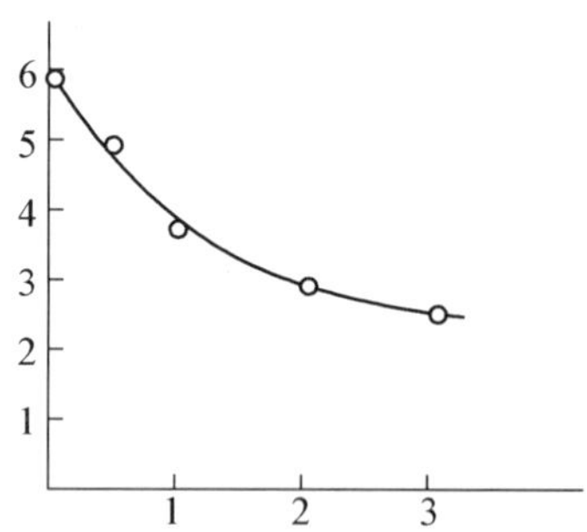

左图:安斋在一个幼儿园里清除表层土壤。

右图:土壤清除使辐射照射率大幅降低(横轴:半径/米)。

3 月 11 日事故后的和平研究日程

接下来，应本次亚太和平研究协会会议组织者君岛东彦（Akihiko Kimijima）所邀，我为和平研究者们提出 3 月 11 日事故后的几个日程。作为专门从事辐射防护工作超过 45 年的核科学家，同时也是一直面对这前所未有的困境的和平研究人员，基于个人经历，我想提出如下五点建议：

1. 我完全支持约翰・加尔通关于和平的定义，和平不仅是“没有战争”，而且是“没有暴力”。暴力可以分为直接暴力、结构性暴力和文化暴力。尽管大规模的地震及伴随而来的海啸是自然因素所致，但我们仍然看到大量的结构性暴力和文化暴力加重了灾区受害者的损失和伤痛。和平研究者的任务就是进行调查，解释自然灾难的影响是如何通过结构性和/或文化暴力的彼此联系而被进一步加剧。

2. 未来几十年的一项紧急议程是整合政治、管理、经济、科学、技术和文化领域的可利用潜能，为灾区人民构建全面的援助体系，如为清除居住环境的污染做出努力、充分控制对食物的放射性污染、传播辐射和放射性知识来消除人们对身处绝望深渊的受害者的社会歧视和偏见、建立健康检查体制、查找和治疗辐射的随机效应如早期癌症和白血病。为了把个人努力整合成有效的整体系统，必须建立一套具有和平思想的综合协调体制。

3. 结合我个人的学术生涯，提出一项和平研究的议程，即建构一种感知社会迹象早期阶段危险的体系，包括结构性和/或文化暴力领域的迹象，例如学术骚扰、带着对科学不真诚的态度执行不合理的、脆弱的民主政策等。如果我们能够制定一些诸如（英国）经济与和平研究所形成的全球和平指数，或者联合国人权事务高级专员办事处形成的世界人权指数等指标，或许会有所帮助。若有可能的话，这样的指标也许在警示人们社会上存在这种潜在危险方面，发挥一定的作用。

4. 和平研究人员的另外一项议程是既要从短期角度，也要用世界历史的长期观点来阐明福岛核电站悲剧的始末，努力在全面分析和纵观历史事实的基础上，完全厘清这一灾难性核事故发生在日本的直接和间接原因。例如，战后时期日本政治与美国战略的从属关系。这种日式旧政治最大的特征是促进核能的税收政策与“捏造报告”文化相结合，后者即为假装人们的舆论支持核能。我们从这类研究中得到的经验，加之众多教育家和新闻媒体的工作，对日本人选择更和平、更安全的未来，或许会变得至关重要。

安斎育郎・立命館大教授が明かす
東大「ガラスの檻」に幽閉17年
助手
だれも口きかず
孤立無援の日々

《朝日周刊》杂志曾报道，安斋被困在“学术玻璃笼”中长达17年（1992年10月）。

5. 最后，我为后代和平补充一项议程。该议程与我之前提到的长期辐射性废物处理有关。我们如何建立关于技术接受性的共识，这或许会带来作为“负财富”的不可估量的风险，例如将造成巨额花费但对后代却无任何价值的长期核废物。和平研究应该思考如何回答这一问题：在没有可能征求后代同意的情况下，享受核能给我们的生活带来的便利，却为后代留下难以估量的风险，从道德上我们是否能接受？

4 核武器和核能的罪行:从广岛到福岛

井川和宏*

达摩克利斯双刃剑

波兰什切春市离柏林泰格尔机场距离一个小时车程,距波罗的海仅有一箭之遥。2011 年 6 月,国际反核律师协会(IALANA)成员大会在什切春大学召开。国际法院(ICJ)前任副主席 C.G.卫拉曼特雷法官现任协会主席。关于核武器使用的征求意见中,卫拉曼特雷表示反对,认为"使用核武器或者威胁使用核武器,无论在什么情况下都是非法的。"为此,他名声鹊起。

在 6 月 9 日的大会上,卫拉曼特雷做了主题演讲,谈到:"核武器和核能是一把达摩克利斯双刃剑……悬吊着剑柄的威胁之线正在被核国家数量的不断增加、网上关于核武器建设的知识、从核反应堆获取的材料和那些想得到炸弹的恐怖组织活动一根根切断。达摩克利斯剑一天比一天危险。"②

当下盛行的二分法观点认为核武器与核反应堆的能源是两码事,但卫拉曼特雷旗帜鲜明地反对这一点,指出核时代的两大支柱——核武器与核能源——关系错综复杂,并呼吁人们诚实面对两者共有的严重问题。

---

* 本文最初发表于和平大学网站上,和平与争端监测,2011 年 10 月 5 日,后来在核能政策律师委员会网站上转载,见 2012 年 2 月 1 日 IALANA 新闻,第 27～30 页。

② 国际反核律师联盟,地址:柏林 101117,6A,斯特赞斯尔(Schützenstr),《国际反核律师联盟大会最后声明》,什切青市,2011 年 6 月 19 日,http://ialana.net/uploads/media/Szczecin_Final_DeclarationVers.4_0l.pdf

“从广岛到福岛”，面对这样的链接，我们应该以什么为思考的核心？就此而言，我认为应该围绕核武器和核能源的罪行来展开。但是我们在日本无法找到核能源有罪的观念，甚至连日本原子弹和氢弹受害者联盟也只是谴责核武器的罪行。

拥有和部署核武器的罪行

柏林墙拆除后不久，国际反核律师协会德国办事处在柏林召开了一次专家会议。我也应邀参加。美国国际法学教授弗朗西斯·A.博伊尔在会上做了演讲，提出自己的理论，即：根据《纽伦堡宪章》，广岛和长崎的原子能爆炸是触犯了战争罪和反人类罪。①

事实上，在此之前，博伊尔就已宣称：不仅使用核武器是犯罪，拥有核武器同样也是犯罪。1986年，他发表论文《核震慑“悖论”的相关国际法》。② 关于国家拥有核武器是否合法的争论一直不断，但我们必须注意到，核国家不仅仅是拥有核武器。博伊尔重新定义了这一问题：这些国家“积极部署数量巨大、种类多样的核武器，将之依附在配备有精良的指挥、控制、通信和情报网络（C3I）的运输工具上。这样的核武器系统随时待命，一接到通知就马上发射。因此，唯一有意义的问题在于，他们目前部署和计划使用的现代核武器系统是否具有合法性。”③

对此，博伊尔回应道：“世界上所有核武器国家，尤其是两个超级大国持有的核武器系统，已经远远超过仅仅拥有这个阶段，而是到了可以在相当长时间的热核战争中准备开战和立即部署的程度。正如本章前文所指，根据《纽伦堡宪章》，这些违反和平罪、战争罪和反人类罪的计划、准备

① 弗朗西斯·A. 博伊尔（Francis A. Boyle）：《核威慑的罪行》（*The Criminality of Nuclear Deterrence.*）。文章是2010年9月4日在奥地利费尔德基希召开的一次会议上发表的演讲。“Mut Zur Ethic”第十八次会议：直接民主。

② 弗朗西斯·A. 博伊尔：《国际法与核威慑“悖论”的关联》（*The Relevance of International Law to the ‘Paradox’ of Nuclear Deterrence*），《西北大学法律评论》，第80卷，第6期，第1407页，1986年夏。

③ 同上，第1444页。

和阴谋，尤其是种族灭绝本身就构成国际犯罪。”①

他继续说：“事实上，根据1969年《维也纳条约法公约》第53条之规定，任何声称让拥有和部署核武器合法化的国际协议及相关体系都违反了国际法的强制性法规，因此是无效的。如果盗版、奴役、武装侵略、反和平罪、反人类罪、战争罪和种族灭绝普遍被视为违反强制性法规，那么更遑论两个核超级大国带来的消灭整个人类的威胁，再加上他们即将拥有这种能力，则更应该如此。”②

此外，对那些支持核震慑是合法的这一抽象命题的人，博伊尔表示深深质疑。他认为，美国核震慑主义是非法的，其非法性的存在将刺激其他国家形成军事对抗。

核能继续存在和扩散的罪行

卫拉曼特雷没有浪费时间从罪行角度讨论福岛问题。3月14日，福岛第一核电站事故发生后三天，他给各国环境部长写了一封公开信，陈述核拥有者的继续存在和扩散不仅违反国际法所有准则，而且所犯罪行将危及后代。③

卫拉曼特雷说，每位公民都有保护环境的义务。从这个意义上说，那些为政府掌管核能的人就担负着特殊的责任。核能的可怕后果会给未来后代造成灾难性破坏。但事情还远远不止于此。尽管光伏发电和其他可再生能源可以给世界提供需要的全部能量，但这些都可以忽略。核反应堆将成为恐怖分子攻击的目标。核反应堆产生的垃圾不可估量，而且没有安全处理的办法。如果深知这种情况但仍继续和扩展核能，则无疑是继续罔视环境责任，置子孙后代的福祉于不顾。这绝不符合任何道德或

---

① 弗朗西斯·A. 博伊尔：《国际法与核威慑“悖论”的关联》（*The Relevance of International Law to the 'Paradox' of Nuclear Deterrence*），《西北大学法律评论》，第80卷，第6期，第1444页，1986年夏。

② 同上，第1446页。

③ 井川和宏（译）：《日本核反应堆灾难》（*Nuclear Reactor Catastrophe in Japan*），2011年7月。

法律标准。核能违反人道主义法、国际法、环境法,与可持续发展相关的国际法原则相违背。这意味着,除非政府当局立即采取行动、停止建造新核能站,否则他们就是明知危险却故意为之,对后代子孙犯罪。

卫拉曼特雷呼吁各国环境部长立即行动。

我对他的观点印象深刻,并为他的智慧和勇气所感动。我也提出了核能的继续存在和扩散是对"当代人"犯罪这种说法,[①]认为日本政府和东京电力公司严重损害了福岛民众的尊严,大大降低了其生活质量,甚至还存在针对他们的其他非人道行为。尽管政府和公司可能为了免除责任,试图狡辩没有这样的意图,但意图并不是反人类罪必不可少的条件。

因为人格尊严受到损害,核事故中暴露于核辐射的灾民所遭受的痛苦与广岛、长崎的核爆炸幸存者本质上有一些共同点。此外,核事故受害者的数量要更多——多得至今无法确定。在福岛,低剂量的暴露包括体内暴露事实上对现场工人、当地居民和儿童的生命、健康和安全都造成了威胁。更严重的是,放射性物质的有害影响扩散到全球环境中,进入大气、流入海洋,破坏生态系统,影响人类生存。

2011年2月14日,福岛第一核电站

此外,博伊尔还很快指出了核电工业的罪行。3月20日他写信道,日本核能(核电)行业继续实施《国际刑事法院罗马规约》第7条所定义的反人类罪,而日本同时还是该规约的缔约国。不仅日本,全世界的核能(核电)行业也是如此。日本人民应该运用这一规约,制止日本核能行业继续犯罪。不仅日本,全世界核能(核

① 井川和宏:"核电事故:核能与核!武器也有同样的威胁"(Nuclear Power Accidents: Nuclear Power and Nuclear! Weapons Present the Same Threa. t),同为日本共同社在报纸上开设的"智者之言"专栏,同时刊登于6月10日的《秋田魁新报》和6月22日的《信濃每日新闻》。

电)行业也应该如此。含钚的混合氧化物,是人类已知的最致命的毒素。而福岛第一核电站3号机组使用了混合氧化物/钚,并且在那里已经发生过一次爆炸。日本政府应该继续压缩核能工业,将信息透明化。[①] 这一观点给了我一些启示。

核裁军、核能逐步停止和寻求和平

6月19日国际反核律师协会发表《什切青宣言》,包括两方面内容:开始缔结核裁军公约的准备工作,呼吁全世界废除核能。关于后者,协会提出了日本反对核武器律师协会董事会议于5月9日做出的一项决议,并予以支持。《宣言》还指出,我们需要实现向可再生能源和能源生产大众化的彻底转变。

接下来对今年大会的背景和特点稍作回顾。国际反核律师协会于2009年6月所提出的观点,随后成为2010年5月核不扩散条约会议的目标。为了将来能够实现没有核武器世界的愿景,必须召开一次能够完全永久核裁军的会议。

国际反核律师协会表示,核不扩散条约审议大会已经预期到需要迅速开启旨在缔结这样一个条约的谈判。但协会认为这种期望会以失败告终,因此决定,协会本身将朝着无核武器世界的目标,努力实现"跨越",而不是采取渐进主义。在这一点上,"核武器与驱动发应堆的核能源是两码事"这一二分法依然盛行。

面对3月11日福岛第一核电站事故爆发,国际反核律师协会突然面临一个问题:是否也要采取行动让这个世界远离核能源。同时,今年4月是切尔诺贝利事故25周年的纪念日。说一句题外话,国际医师反核战争联盟发布了一个新的批判观点,指出国际原子能机构和其他团体的理解

---

① 核电行业是反人类的罪行! http://mwcnews.net/focus/letters-to-editors/9423-nuclear-power-Industry-is-a-crime-against-humanity.html, Sunday, March 20 2011|0.9:11

低估了事故的危害。① 此外，国际反核律师协会还反诘一个问题：通过核能在全球范围内的扩散，是否可以带来一场清洁能源的革命。

这次大会促使我们的认识更加清晰：自成立 23 年来，国际反核律师协会一直推动废除核武器、谋求和平；以此为目标，呼吁在全球范围内逐步停止使用核能，并以法律专家的身份和力量迎接这一挑战。换言之，国际反核律师协会将核裁军、核能使用的逐步停止和谋求和平视为三位一体，并为之而奋斗。

当我们明白这一立场，利用法律专家的特长来解决逐步淘汰核能这一棘手问题时，用武之地不胜枚举。譬如，我们可以诉诸于核能条约下的法律体系，《国际原子能机构规约》是该体系的颠峰之作。日本也建立了基于《原子能基本法》的法律体系。因此，我们应该采取什么方法？例如，《核不扩散条约》第四条规定“所有缔约国具有为和平目的而研究、生产和使用核能的不容剥夺的权利。”那么我们应该如何解释这一权利？因此，我们应该抱着可以改变的想法来面对现实。即使联合国所有成员国都是核不扩散条约缔约国，也要按照国际立法程序来采取行动。如果这些努力符合可再生能源革命的发展，那么展现在我们面前的将是一个安全、稳定的前景。

① 防止核战争国际医师会的新报告《切尔诺贝利事故的健康影响》(*Health effects of Chernobyl*)与日本首相府文件《与切尔诺贝利事故的比较》(*A Comparison with the Chernobyl Accident*)之间有惊人的不同。和平哲学中心 http://peacephilosophy.blogspot.com/, April 18, 2011

第三部分

非暴力:甘地及其他

5　抵制英货运动:全球化的创造性选择

维迪亚·杰恩

20世纪是一个奇怪的、充满矛盾的世纪,是历史上最血腥的世纪,发生了两次世界大战和许许多多痛苦的、无休止的冲突。刚刚过去的几十年把世界推上了全球化的道路,其中不宽容、恐怖主义和战争相伴而生。假如同时考察发展和人类福祉、成就和损失、利益和人民、权力和贫困、普世主义和特殊神宠论、极权主义和民主、均一化和多元化、霸权和平衡、男性和女性,尤其是地球村和断裂文明之间的发展,呈现在我们面前的是一个新世界杂乱无序、灾难性的画面。宇宙世界的本性(真、善、美)被打破。全球化是自由意识形态的扩展。自由意识形态及伴随而来的自由化和全球化政策彼此矛盾冲突,尤其是置于不同的土壤,忽略其历史文化根源和条件的时候。现实中的文化和传统赋予每一个政治主体独特的风格和影响。

自由主义的主要贡献是自由主义存在论。藉此,个体主动性、个体自由和权力以及受宪法约束的政府成为该理论必不可少的组成部分。

自由主义理论认为,人性以私利或文明的私利为基础,特别是作为物质产品消费者的个体。借用麦克弗森的一些说法,自由主义个体是有用物质的"无限占用者"和无限消费者;正是这种"占有的"个体,通过控制和发挥其能力而满足他的私利。① "在此需要注意一点，17～19 世纪，西方国家建立自由民主时，个体拥有巨大的自由力量，不仅彻底改变了经济秩序，而且彻底改变了整个社会的架构。社会不再是基于风俗习惯、社会地位、权力分配的价值观和政治，取而代之的是基于个体选择和流动、客观市场关系和契约的社会。然而，直到 19 世纪，现实显而易见，只有'富人'才有选择的机会，'穷人'是没有选择的。"

的确，由于情势所迫，洛克理论初级阶段反映出来的自由民主个人主义实质，在 19 世纪改良成一种群体主义，为 20 世纪的福利国家奠定基础。在这一过程中，人性中的超享乐主义观念被丢弃，采取积极的自由观点、积极的国家观点，将个体和国家积极性联系起来。但其利己主义本质仍然保持未变。

康德试图表明每个人的本质是自由的道德意志。这种道德意志本质上是理性的、自治的，个人自由在于服从自己"道德意志"的命令。康德关于"意志自治"的设想被 J.S.穆勒提及，被 T.H.格林采用，尽管通过对幸福定性使边沁主义哲学受到欢迎，但却未能从逻辑上把他的自由观点放在道德意志自治中。格林比较成功，建立起个体道德(理性)意志和普遍意志之间的直接联系。这种联系在"共同利益的共同意识"观点中得到体现。

因此自由民主本体论设想通过信奉边沁功利主义的哲学激进分子达到顶峰。边沁功利主义是以自我为中心的心理享乐主义哲学。从原子论观点看社会，将个体设想为"自由浮动"的实体。

尽管如此，十九世纪 19 世纪《社交能力社交性进入自由主义本体论》中。这给自由民主的自由本体论引入加入了人文主义和道德。因此，从"占有性个人主义"到一种群体主义是向一步跨越。今天，西方自由主义

---

① 详情请参阅 C. B. 麦克弗森(C. B. Macpherson)。霍布斯和洛克：《占有性个人主义的政治理论》(*The Political Theory of Possessive Individualism*)，1962 年；《民主的现实世界》(*The Real World of Democracy*)，1965 年；《民主理论：检索中的论文》(*Democratic Theory: Essays in Retrieval*)，1973 年；《自由民主的生命和时代》(*Life and Times of Liberal Democracy*)，1978 年。

及伴随而来的自由化进程正在迅速蔓延，包括印度等国在内的许很多非西方国家都受其到了它的影响。近年来，在自由民主理论方面，约翰·罗尔斯、罗伯特·诺齐克、卡罗尔·佩特曼等人，他们对社会合作和参与的强调，为丰富自由民主传统作出了巨大的贡献。但是他们的理论未能发展出与上述双重标准的哲学相一致的自由主义意识形态，从而未能很好地在自由化实践中得到践行。

通过契约理论，约翰·罗尔斯不仅提到了政治自由，还强调了分配正义框架下的经济平等。他认为，作为公平的正义需要两大原则：第一，强调基本自由平等；第二，差别原则。这意味着紧随机会均等之后的，是社会和经济商品分配中的不平等。在某种程度上，这种不平等要有利于最少受惠者。

但又出现了一些问题：这些非西方国家是否正朝着真正的发展方向前进？他们与西方国家有没有裙带关系？他们是否为真正意义上的独立？

我们不得不认同爱德华·W.赛义德的焦虑，他批判了西方帝国主义和自由主义对全球文化的主要影响："我们不能谴责自己重复帝国的经验。"在当代，文化和帝国主义的关系得到重塑且相当密切，使得令人不安的统治形式成为可能。在这种关系中，我们如何才能推进浩大的非殖民化抵抗运动、维护20世纪80年代大规模暴动释放出来的解放能量？这些能量能够躲避现代生活的均衡化进程，暂时搁置新帝国中心的干预吗？①

需要社会合作。原因在于没有哲学（除T.H.格林的哲学以外）可以证明"个体"是"社会个体"，"个体"利益有利于共同利益。西方社会的其他社会主义理论确实强调了社会合作和平等，但他们完全将"个体"淹没在社会需要之中。这两者相互抵消的理论主导了20世纪初的西方思想，从而在"个性"和"社会性"两大似乎不可调和的价值观之间提出了一个严峻

① 爱德华·W.赛德（Edward W. Said）：《文化和帝国主义》（*Culture and Imperialism*），伦敦：查托和温达斯图出版社，1993，第401页。

的选择问题。

全球化不是一个简单的过程，而是一整套复杂的流程，在政治、经济、文化和意识形态的多个层次中运作。这是一个社会过程，在这一过程中，地域对社会和文化安排的限制减弱，实际上是人们的倒退退。通过掌控经济，西方尤其是美国都希望比世界其他地区拥有认知的、意识形态的优越感。令人着迷的地球村概念等不亚于海市蜃楼般虚幻缥缈，而只不过是美国手中的财富、权力和知识的浓缩。

全球化产生了广泛的社会、经济和文化不安全感。这不是多元化社会的跨文化互动，而是一种特定文化对其他所有文化的强加。这是一个阶级、一个种族、一个国家通常是一个性别的掠夺。在"全球"中，占主导地位的"地方"寻求全球控制。全球不是人类的共同利益，它代表了一个通过其影响力和控制力而全球化了的特定利益和文化。①

贸易自由化引领了对人们的奴役。工业技术的发展、军事霸权、文化霸权、英语的傲慢、失去人性的竞争、商品化和商业化让人类灵魂及本性濒临灭绝。世界"由自治的个体和市场组成，而不是人居住的世界，甚至没有自由公司或福利自由主义意识形态。这是一个没有家庭的世界。这也是一个没有邻居、种族社区、教堂、城镇、甚至国家的世界(与国家相对)。"②

抵制英货运动(地方自力更生):创造性选择

甘地认为，印度社会比其他社会更加异化，因为人民日渐贫困，而且异化的西方价值观通过创造不负责任的权力精英而进入印度社会，造成了严重损害。因此，甘地提出了托管制度和抵制英货运动的原则。托管

---

① 纨妲娜·希瓦(Vandana Shiva):《阿斯克自治还是经济奴役?》(Arthic Swaraj or Economic Slavery?),《观察家报》,1998 年 2 月 3 日。

② 罗伯特·N. 贝拉(Robert N. Bellah):《正确理解的社区:捍卫民主社群主义》(*Community Properly Understood: A Defence of Democratic Communitarianism*),埃米泰·埃兹尼奥编著:《至关重要的社群主义读者》(*The Essential Communitarian Reader*),第 17 页。

制度方面，指的是特权阶层、受过教育者和有钱、有知识、有技能的人群对社会、尤其是对最贫穷的人的内在责任。

关于抵制英货运动原则，甘地相信只有在爱国承诺的基础上，才能引领必要的决心和热情。国家经济自决和国家政治自决一样。抵制英货运动有丰富的文化哲学遗产，尽管这一遗产数百年来因为外国势力的支配变得黯然失色。发生在19世纪的印度文艺复兴唤醒了对光辉历史的意识，加速了民族独立的强烈诉求。顺便一提，印度的文艺复兴和宗教改革恰逢西方自由主义修正时期。印度温和派主张通过"自治"来重组政治和经济。自治就是独立，独立需要本土化和抵制英货运动。

抵制英货运动是一套完整的哲学体系，代表着对政治和社会的一种独特态度。它不是信条，而是一种特殊的观点、一种人生哲学和感应准则。自由主义的本质是自我偏好，因此其实践具有剥削性，是城市对农村、机器对人类、科技对自然的剥削。抵制英货运动是反殖民主义观念，反对外部和内部都殖民化的权力结构。这是寻找我们自己身份的过程。与个体一样，社区和国家也有自己的身份。全球化经济已完全忽视地方身份、与境性、生态、生活方式、经历和本土技术。

抵制英货运动是甘地哲学的核心概念。它不仅是一种经济学说，而且还具有意识形态的影响。在抵制英货运动中，甘地不仅设想了印度的经济救助，还提供了相关心理和政治问题的答案。甘地认为，"经济代表社会正义，平等地促进所有人的利益，包括最弱势人群，而且是体面生活必不可少的因素。"①

抵制英货运动的两大特点：自给自足和自力更生，均涉及"有为做者"，因此这场运动变成一个实践和行动的哲学。实践的本质是尊重和践行职责。职责是佛法。在印度哲学中，佛法没有表示"宗教"的一般含义，而富含更多涵义。它是一个复合词，包括四要素：第一，正义；第二，与错相对的对；第三，合理请求的权利；第四，服从法律的精神。在这种意义下，权利和义务相互关联，是佛法的基本成分。遵照佛法的行动导致自我

---

① 《神的子民》，1937年10月9日。

发展和自我实现，并随之带来社区的发展。这是真正的自由。因此，如果"自由"是"职责"的定义，那么"职责"也是自由的定义。这种双重法治——一方面把自由扩大到职责中，另一方面用职责控制自由——在佛法的庇护下拥有约束力。

那么很明显，抵制英货运动和自由主义一样强调个体自由，但体现完全不同的内涵。抵制英货运动固有的自由需要一种使命感。在自由主义和自由化的意识形态中，关于责任感内容的淡化有一个借口；正是这个借口，让现代人（在自由化的魔咒下）变得孤立，成为强势力量掌控的工具，而他本人无法反抗这种力量。这样一个困惑的、不安全的个体成为垄断资本手中的棋子。①

抵制英货运动就是寻找我们国家的身份。② 甘地说，"我的民族主义与我的抵制英货运动一样宽泛。我希望印度崛起，让整个世界都可以受益。我不希望印度在毁灭其他国家的基础上崛起。"③他又说，"若不采取抵制英货运动作为生存法则，地球上就没有一个国家会崛起。"④对甘地而言，抵制英货运动是一种积极观念，以构建社区拥有的资源、制度和结构为基础。强加的资源、制度和结构让人们不自由且不持久。甘地的抵制英货运动是再建和平、自由和可持续发展的核心。抵制英货运动或经济事务中的自我组织是经济自由的基础，没有它就没有政治自由或自治。抵制英货运动就是独立。

甘地认为，独立和抵制英货运动互为补充。对于真正的独立，抵制英货运动是必须遵循的重要目标。独立是个人与生俱来的权利，是所有人与生俱来的权利。甘地的独立并不意味着受中央集权国家的治理，而是

① 埃利希·弗洛姆（Erich Fromm）：《逃离自由》（*Escape from Freedom*），纽约，霍尔特，莱因哈特和温斯顿，1941。

② 埃里克·埃里克森（Erik Erikson）：《甘地的真理：激进非暴力的起源》（*Gandhi's Truth: On the Origin of Militant Non-Violence*）纽约，W. E. 莫顿，1993。

③ M. K. 甘地，《自传：我实验真理的故事》（*An Autobiography: The Story of My Experiments with Truth*），艾哈迈达巴德，纳维佳出版社，1940。

④ 《圣雄甘地文集》，印度政府出版部，新德里，1958，第15卷，第379页。

由地方社区分散自治。在不公平和受外部控制的时期，人们没有经济和政治自由，需要与不公正的法律和政治制度进行和平的不合作。甘地意识到这一点，在《印度自治》中有所提及。“只要人们应当遵守不公正法律的这种迷信传统依然存在，奴隶制就会长期存在。”①非暴力抵抗可以消除这种迷信传统。然而，“抵制英货运动”一词不是由甘地本人创造的，甚至当他出现在政治舞台之前，该词就已在民族运动中流行。达达拜·纳奥罗吉·师利·奥罗宾多、提拉克、戈卡莱、拉内德等人都提出过抵制英货运动的学说。

抵制英货运动以人为中心，不以政府为中心，是从个体到社会的自力更生和自我控制。甘地关注的是每个人的价值和尊严。甘地对个人的尊重源自他对上帝的信仰。上帝是公正无私的。所以遵循上帝的道路，我们就遵循了真理和非暴力的道路，获得权利的个人就打开了通向社会经济正义的道路。②

抵制英货运动延伸到制度化生活的经济、政治、宗教和文化的方方面面。莱曼史瑞·罗伊讨论了甘地在自我和社会的一般社会学理论方面的抵制英货运动的观点。③ 基本上，甘地反对资本主义的过快发展和对当地社会的破坏。他期待适用技术的现代观念，④强调当地人民解决当地问题的知识的重要性。

抵制英货运动是甘地关于自力更生村庄的基本方面。纺车和穿印度土布是象征性标志。基本来说，他不反对工业化和工厂生产，但反对无产阶级化，这会造成人们失去工作、经济决策集中化。

机器偷走了工人的工作。织工、铁匠、木匠都被机器替代。在机器范

---

① M. K. 甘地：《印度自治》，艾哈迈达巴德：纳维佳出版社，1938，第 29 页。

② G. S. 赫伯特(G. S. Herbert)：《贫困的圣雄甘地》(*Gandhiji on Poverty*)，《人人幸福》第 22 卷，1973 年 2 月。

③ 拉玛萨伊·罗伊(Ramashray Roy)：《个人与社会：甘地思想研究》(*Self and Society: A Study in Gandhian Thought*)，圣人出版社，，1985。

④ 罗伯特·J. 米切尔(Robert J. Mitchell)(著)《适用技术经验》(*Experience in Appropriate Technology*)，渥太华：加拿大饥饿基金会，1980。

围内，抵制英货运动意味着利用当地原材料，在当地市场交易，控制当地社区和领域。知识基础也应该当地化，这意味着当地知识体系应该高于公认的普遍性教育体系。此外，技术实践及其观念属于一个世界观，其中密不可分的部分包括礼仪、对实践社区的崇拜形式和信念，以及所隶属的更大的世界。抵制英货运动不仅仅是技术替代，还包括一种信仰，坚信真理和非暴力应当是最终的胜利者。这一信念没有遥远的目标，可以随时调整，是在科学和技术实践中人类整体价值观的基础。

抵制英货运动的思想与民族意识一样古老。① 它是自发形成的，主要是一种无组织的、单独的方式，早期阶段的抵制英货运动获得了本地媒体的广泛支持，得到当地了无数不知名当地人士的努力。它创造出了一种爱国情绪，成为抵抗外国商品的道德力量。关于抵抗英货运动的兴趣、支持和宣传方面，甘地思想与人民失业的经济问题有深刻的联系。甘地通过演讲向他们提出了建议，他鼓励男人女人使用手纺车，纺织印度土布，抵制外国商品。运动提升了人们对印度制造的商品的热爱，同时商品的使用激发了广大群众无私奉献的精神。②

抵制英货运动并不反对科学和技术；它反对的是垄断性使用，反对由此而产生的仇恨、死亡和破坏。事实上，如果印度能够从西方引入科学和技术的实用技术，反过来输出其抵制英货运动的哲学，那将会是一种理想情况。如果可能的话，上帝就会降临地球，就会有永久的和平。当然，这是乌托邦式的理想。但此时此刻表达这种理想的逻辑就是强调一个事实：印度毫不犹豫地从外部引入“真、善、美”，不是作为一个乞丐，而是作为一个自力更生的国家。事实上，印度是一种综合性文化。通过一代又一代人，她融会和编织出一种不同本质的文化和思想；更重要的是，她把“信仰”和“理性”交织在一起。爱因斯坦曾形象地说：“没有宗教的科学是瘸子，没有科学的宗教是瞎子。”这位杰出的科学家使用的“宗教”一词正

---

① S. R. 巴克希（S. R. Bakshi），《甘地和抵制英国货运动思想》（*Gandhi and Ideology of Swadeshi*），新德里：信赖出版社，1987 年。

② 《青年印度周刊》，1926 年 6 月 17 日，第 218 页。

基于“信仰”意义之上。它是印度哲学和文化的合成，体现在抵制英货运动的观念中，激发起善意、和谐与和平的意识。

1916年2月14日，甘地在马德拉斯传教士会议上的演讲中，阐述了抵制英货运动概念的宗教、道德和精神内涵。引用他的话，“抵制英货运动是我们的精神，让我们使用和接受身边环境的服务，排斥较远地方。因此，为了满足该定义的要求，对于宗教，我必须局限于自己祖先的宗教。这就是使用我们最直接的宗教环境。如果我发现它有瑕疵，我应该通过修正被证明的缺陷来利用本地的制度和服务。在……经济方面，我应该只用近邻制造的东西，并使之高效、完善，为有所需求的行业服务。如果能实施这种抵制英货运动，将会带来太平盛世。”①

抵制英货运动的逻辑体现为：(1) 对于目前引进的任何商品，如果国内都可以生产一种替代品，那么就应该生产。(2) 国内替代品生产必须是劳动密集型。(3) 如果国内没有劳动密集型生产替代品，那么这种产品就必须被舍弃。这同时意味着，精英消费模式将受到更多限制，为了制造充裕的大众消费品，就业机会将大大增多。那么，抵制英货运动的可行性就取决于是否愿意接受消费方式向大众模式普及。显然，抵制英货运动意味着彻底实施进口替代增长。在消费资料方面，采用劳动密集型技术。在生产资料方面，一定程度上采用资本密集型技术。正如甘地所说，“随着竞争和营销问题的出现，大规模工业化必将导致村民的被动或对村民的主动剥削。因此，我们必须将注意力集中在自给自足、主要是为了使用而进行生产的村庄。”②

因此，使用抵制英货运动战略的贫穷经济增长策略可以用下列范例描述。第一，必须下决心放弃所有不能用劳动密集型方式生产出来的商品的消费。第二，必须有一个计划，建立劳动密集型规模消费为消费群供给足够的商品。第三，必须同时试图建立生产资料/半成品的能力，但必

---

① M. K. 甘地：《我梦想的印度》(*India of My Dreams*)，纳维佳出版社，1927，第412页。

② 《神的子民》，1936年8月29日。

须限于大规模就业行业的计划增长模式。第四,随着国内产量的增加,任何现有的不可避免的进口将会逐渐被摒弃。第五,随着经济逐渐实现自力更生,国际贸易将会以出口规模就业商品盈余和购买国内经济不能生产的制造品这种形式,逐渐重新开放。

抵制英货运动在当今也并不过时。这是中央集权国家统治具有创造性的选择,也是世界贸易组织等全球公司和组织的规则。经济自由需要减少世界银行、国际货币基金组织、七国集团和全球公司的控制。人们有安全生活、控制维持生计的政策和资源的自由。

甘地设想的抵制英货运动既不反对国际主义,也不反对世界大同。他希望印度成为一个自给自足的国家,因为只有自给自足的印度才能支持世界。他坚信一个软弱的国家既不能支撑自己、也无法帮助他人。他认为,抵制英货运动的主要目的是保护本国工业。甘地不支持印度孤立于世界之外。他断然宣称,如果对国家或人民有益的话,他掀起的抵制英货运动会为国外进口做准备。在甘地看来,如果抵制英货运动反对使用一切国外东西,那么哪怕再有益处,都是对运动的狭隘理解。① 该运动的世界观不能与国际主义或和平主义相违背,它源自爱和非暴力,这自动成为运动的两大理想。这些理想激发了世界大同意识以及维护共同利益的意识。抵制英货运动将自治和自力更生与天下大同和国际主义相融合。因此,在运动中,微观层面的自治与宏观层面的"全球视野"融合起来。

抵制英货运动的意识形态既不多余、也不过时,具有科学价值。事实上,如果没有足够重视本土的制度和资源,任何国家都不会崛起到一定高度。这并不意味着我们应该把自己孤立于世界之外,或者自由化进程应该逆转。我们今天需要的是一个经过仔细设想的、多层次的战略,通过这一战略我们可以实现可持续基础上的经济增长。② 我们应该更重视社会政策、教育、贫困,提高人们的生活标准。只有重新制定印度的发展政策,

① K. P. 卡鲁纳卡兰(K. P. Karunakaran):《甘地解读》(Gandhi: *Interpretations*),吉檀迦利出版社,1985。

② S. 古鲁莫特斯(S. Gurumurthy):《抵制英国货运动和民族主义》(*Swadeshi and Nationalism*),1998 年 9 月。研讨会,第 469 期。

才能实现这一目的。比起资本和技术密集型部门来说，我们必须更重视劳动密集型部门。这种经济政策才是真正的抵制英货运动。

甘地的政策是革命性的。这些源自甘地的个人经历。毕竟，他放弃了各种各样的特权，选择了简单的生活。他的哲学旨在加强个体、家庭、社区和社会的力量，反过来其本质从根本上削弱了现有市场和国家框架的控制。没有一个政府愿意支持甘地的政策。①

在个体层面上，甘地自愿简单或贫困的准则为现代生活方式提供了一种可持续的选择。有一句著名格言道：世界可以满足每个人的需要，但无法满足每个人的贪婪。这实际上是一个单行的环境伦理。甘地也实践过这一伦理，因为资源回收和需要最大化是他生活中不可或缺的部分。他对经济发展宏观进程的分析、关于农村建设的对策以及他的生活道德，所有这些都令人鼓舞。

“甘地永存——作为鼓舞人心的长久源泉和捍卫我们自由的政治创新。作为一个项目的公司全球化，通过对贸易、技术和繁荣权力的全面控制来压制人们所有自由，于是对江河流动、生物进化、农民保存种子、种植庄稼，消费者自由选择食物以及获悉食物生产过程产生威胁。各个物种和普通人群的这些基本自由以‘自由贸易’和‘全球化’的名义被偷走。”②

由公司驱动的经济全球化通常体现为社会与社会之间建立新联通的进程。然而，它具有地域性。就这个意义来说，它实际上是公司的全球扩张——但并非全世界人民心心相通。这个全球化的实际操作将那些给予我们生活——丰富多样的生物、食物和水——的资源和过程殖民化、商品化。

---

① 拉梅什·迪旺(Ramesh Diwan)：《圣雄甘地，阿马蒂亚·森和贫困》(*Mahatma Gandhi, Amartya Sen and Poverty*)，《甘地·马尔格》，第20卷，第4期，1999年1月—3月。

② 纨妲娜·希瓦：《发展对话》(*Development Dialogue*)中的“地球民主实践：展望未来——30年参与式研究和社区行动的经验”(“The practice of earth democracy: Looking ahead — Experiments from 30 years of participatory research and community action”)，乌普萨拉，第52期，2009年8月。

没有甘地的遗赠，就无法想象如何应对极权主义，并将这场应对变成一个拥有生命、拥有种子、拥有水源的计划。生活专利和生物新技术是当今帝国主义的工具。

甘地之所以将纺车视为解放的象征、自力更生的方式，正是为了革新印度的生计。工业化早期，电动磨坊是发展的象征。然而，磨坊对原材料和市场的渴望摧毁了生计，引发新的贫困。

甘地说，“只要是数百万人能一起做的事情，就能变成某个权力承担的责任。”纺车轮成为这种权力的一个象征。“轮子就本身而言毫无生命，但当我赋予它象征意义时，对我来说轮子就成为一个有生命的东西。”纺车车轮代表着一种技术，可以节约资源、保存民生、保留人们对自我生计的控制。它需要人的双手和大脑，不视之为累赘。各司其职、提高生计、保护资源以及加强自力更生，这些方面综合起来，对解决与殖民化相连的工业化所造成的中央集权浪费、生计破坏、资源损耗及经济政治过度依赖都至关重要。甘地关于抵制英货运动、独立、非暴力不抵抗运动和人人幸福的创造性观点，对我们建立可持续经济、充满活力的民主国家深有启发。从他的遗赠中，我们发现了希望、自由和创造力。只要人们应当遵守不公正法律的这种迷信传统不废除，奴役人的制度就会长期存在。

甘地的遗赠恒久流传，给予我们希望，常形成新的指导方法让生活保持多样性和完整性。甘地的遗赠播撒着让人类和所有物种获得自由的种子，无愧为人类的希望。

一方面是公司全球化的暴力，另一方面是以浅陋的宗教和狭隘的民族主义身份为理由的战争，这需要一种地方性同时也是世界性的回应。在生产方面，这种回应必须具备地方性，既要减少生态破坏，又要创造更多的生计和工作机会；在身份方面，必须具备地方性，植根于生态和文化多样性，植根于我们的位置感和归属感。同时，这种回应还必须具有普遍性，因为我们与其他生命分享生命，与所有人群分享人性。

全球化主要表现为追求一种狭隘的、高度地方化的利益，并强使它成为“全球的”、“普遍的”。这种强加涉及深层结构的暴力，从而导致暴力的恶性循环，因为身份受到威胁、安全受到破坏、恐怖主义抬头。普遍利益不可能是全球强加的局部利益。它是非暴力原则下所有人群新兴的生活品质；非暴力对人类来说是社会经济正义，对非人类生命来说是生态的可持续性。普遍利益是自我组织、自我引导的各个地方的潜力的演变，以热爱生命、尊重生命为原则。托尔斯泰临终时写道，它指“……人类的福祉只能统一在普遍利益之下。这种统一不能通过暴力来实现。只有当每个人不再为了统一而统一，只考虑实现生命的准则，只有实践“爱”的最高准则，平等对待所有人，让人性统一，才能实现统一。”

当自我被视为自然和社会的对立面、而不是其中一部分时，异化和暴力对人类来说就变得很自然。作为人类，生态意义上的自我要保持和平与完善，则要求我们重新把自己嵌入生命网络和社会关系网络之中。

今日亟需的是复兴一个积极的、包容的、慷慨的抵制英货运动，在我们的人民和知识体系中重焕、建立对我们能力和技能的信心。最重要的是，乐于去学习、去改变、去适应、开放门户但不随波逐流。

6　甘地和非暴力宪法的理念

托马斯·韦伯

英国出于自己的利益统治了印度大约150年。印度的独立经过了漫长的、基本上是非暴力的实现自由的抗争，并出现了历史上最伟大的非暴力活动家，成为印度“国父”。获得独立后，新国家的首要任务是制定宪法，来确定其政治组织形式、权力和职责，规定国家、政府和公民之间的关系。尽管《印度宪法》颁布时，甘地已经去世，但就其设想的自由印度管理模式而言，他留下来的不仅仅是线索或暗示。有些学者宣称，《印度宪法》严重依赖于英国政府的1935年《印度法案》和《美国宪法》，严重依赖于中央集权，对甘地关于宪法问题的思考来说是一大诅咒。也有学者提出，将问题一分为二，视《宪法》为现代主义尼赫鲁/安贝德卡模型对传统甘地模型的胜利，未免过于简单化。他们认为这两种模式事实上互为补充，并且甘地本人也清楚这一点。还有学者认为争论的焦点不应在于中央集权与地方分权的关系，或关于农村的重要性，或《宪法》应该更多地强调自上而下还是自下而上的组织模式。如道格拉斯·拉米斯指出这正是一个绝无仅有的机会，可以创造出完全不同的东西。历史上非暴力国家很可能第一次由此真正诞生。但由于印度加入到国际社会中其他普通国家的行列，这种可能性就被浪费掉了。值得思考的是，这种机会（如果曾经确实有过的话）将来是否会重新出现。然而有幸的是，通过考察甘地主义宪法，我们可以吸取到一些经验，有利于创建一个更加安全、更少暴力的世界。

甘地关于治理和民主的观点

甘地警告说，他所宣扬的政治独立并不是模仿英国或其他国家的议会。他提倡一种适合印度人民的政治体系，称之为“罗摩盛世”，“基于纯粹的道德权威的人民主权”。① 甘地指出，虽然在印度社会中没有让他满意的真正的政治权力过渡，但他不否认承认这种过渡对印度来说至关重要。② 然而，权力应当向农村转移，而不是中央政府。甘地设想的独立国家是由“不断扩展、从未上升”的社会圈组成。他把社会视为一个“以个体为中心的海洋圈，时刻准备着为了村庄而消亡，而村庄总是准备着为了村庄圈而消亡，直到最后全演变成由个体组成的一种生活，这些个体从不傲慢自大，反而谦微，共享海洋圈的威严，是其不可缺少的一份子。”③

村庄是独立的共和国，能尽量满足自己最重要的需求。能自己种植粮食和做衣服的棉花，设有学校、公共大厅和剧院，还有清洁的水供应。种姓制度消失，没有不能触犯的“雷区”。村庄政府由五人组成的村务委员会维持，每年由成年村民选出。村务委员会“由立法、司法和行政在任期内共同运作”。甘地相信，这样一个体系将产生基于个人自由的完美民主。在描述的过程中，他承认“我暂时没有考虑与邻村以及中心（如果有的话）的关系问题”。④

如果国民生计没有问题，那么它会自动调节，不再需要国家代言，人们将生活在开明的无政府国家里。当然，理想从未实现，甘地意识到应该有某种形式的国家，但应该是管得最少的国家。⑤ 如果人们自己掌控法律，阻止这种极简主义国家发挥作用，那么社会秩序就会结束，国家将不

---

① “在法伊兹普尔展会会场的演讲”（“Speech at Exhibition Ground, Faizpur”），《神的子民》（*Harijan*），1937 年 1 月 2 日。

② “西方是什么？”（“What of the West?”），《青年印度周刊》，1925 年 9 月 3 日。

③ “独立”（“Independence”），《神的子民》，1946 年 7 月 28 日。

④ “问题盒子：村庄自治”（“Question Box：Village Swaraj”），《神的子民》，1942 年 7 月 26 日。

⑤ “权力不是结束”（“Power Not an End”），《青年印度周刊》，1931 年 7 月 2 日。

复存在，在某种程度上就会导致破坏性而不是开明的无政府状态。在伴随独立而来的民众骚乱期间，甘地让群众允许政府履行其职责。[①]

甘地指出，虽然只要"富人和数百万穷人之间仍存在巨大差距"[②]，民主就不能实现，但民主无法"通过处于中心地位的20个人来实现，必须通过每个村庄的底层人民来完成。"[③]从甘地这些看似矛盾的思路中，我们能得出什么结论呢？看来，一个国家，甚至一个强制的、没有灵魂的国家都是不可避免的。由于独立是如此近在咫尺，甘地必须在实践中检验，他关于国家的观点逐渐成熟，开始把它当作变革的工具，与种姓制度等根深蒂固的不公正进行抗争，甚至为密集型工业的建设创造环境。[④] 然而，这些任务都是最低限度，正如特切克(Terchek)指出的，甘地"关于扩展的国家的讨论通常与消除贱民制、鼓励就业、为农民提供公平的土地分配联系在一起。"[⑤]换言之，帕里克认为，甘地现在意识到国家比他想象的复杂得多，而且它也可能善恶并存。[⑥] 然而，甘地继续强调地方分权，在他去世前一天，甚至颁布了一个类似宪法的草案(常被称其"遗嘱")。文中，他要求国大党自行解散，党员应该成为人民的仆人[⑦]，才能或多或少以回避的方式来解决地方问题，形成"相互补充、相互调解的国家机构和人民服务

① "祷告会上演讲"("Speech at Prayer Meeting")，CWMG LXXXIX，1947年9月17日，第195～197页。

② M.K.甘地：《建设性计划：其意义和地点》(*Programme: Its Meaning and Place*)，纳维佳出版社，1941，第24页。

③ 《神的子民》，1948年1月18日，引自罗纳德·J.特切克(Ronald J. Terchek)，《甘地：自治斗争》(*Gandhi: Struggling for Autonomy*)，拉纳姆：罗曼和利特尔菲尔德出版公司，1998，第173页。

④ 海库·帕瑞克(Bhikhu Parekh)：《甘地的政治哲学：批判性审视》(*Gandhi's Political Philosophy: A Critical Examination*)，德里：阿旃陀，1995，第117～121页。

⑤ 特切克(Terchek)：《甘地》，第166页。

⑥ 帕瑞克(Parekh)：《甘地的政治哲学》(*Gandhi's Political Philosophy*)，第119页。

⑦ 《国会宪法草案》("Draft Constitution of Congress")，《神的子民》，1948年2月15日。

协会。”①

甘地认为理想的政府体系——“罗摩盛世”是一种完美的民主，基于占有和非占有、肤色、种族或、信仰或性别的不平等都会消失。在这种政府体系下，土地和国家属于人民，正义是及时、完善且低价的，因此也有信仰、言论和新闻自由——所有这些皆因为自愿接受道德准则统治一切。这样一个国家必须建基于真理和非暴力之上，必须由繁荣的、幸福的、自给自足的村庄和村庄社区组成。②

1946年，瓦尔达（塞瓦格拉姆甘地修行处附近的一个小镇）学院校长史瑞曼·纳拉扬·阿加瓦尔出版《甘地的自由印度宪法》一书，③序言由圣雄本人撰写。这本书详细地讲述了甘地的愿景是如何变成可行性的宪法。阿加瓦尔说甘地十分热心，连续看了两遍原稿，在撰写序言之前还提出几个修改意见。书序中，甘地告诫读者不要错误地假设这本书与他的观点是“字字吻合”的。毕竟，他无法“逐字逐句、逐个思想地去检查这本书”。然而，他又补充道：“书中没有什么……让我感到不愉快，因为它说出了我想代表的东西”，而且这本书“对那些试图为印度提出宪法的尝试来说是一个深思熟虑的贡献。值得称赞的是，这本书做了满足时代需要而我却未能做到的事情”。换言之，在着手开始制定宪法，但又不得不作出某些妥协的前几年，将甘地的告诫谨记于心，对圣雄的理想主义宪法思想将会是一个有用的指南。

这部他人代笔的宪法清楚地阐述了甘地的分权政体运作过程。首先，村民们会选出一个村务委员会，由一定数量村庄的村务委员会会长（约20人，取决于人口数量）组成一个地方村务委员会。所有地方村务委员会会长再组成地区村务委员会。“这些较高级别组织的功能应该是咨询，不是命令；他们应该履行指导、建议和监督的职责，而不是命令下一级

① 帕瑞克：《甘地的政治哲学》，第122页。

② “两大难题”（“Two Posers”），《印度教徒报》，1945年6月22日。

③ 纳拉扬·阿加瓦尔（Narayan Agarwal）：《自由印度的甘地主义宪法》（*Gandhian Constitution for Free India*），阿拉哈巴德：吉他巴斯坦，1946。

村务委员会。”[①]反过来，这些村务委员会派会长到省级村务委员会中，协调和审计低一级村务委员会的账目，为紧急状况做好准备、管理大学、组织运输、提供灌溉设施和管理重点行业。依此类推，层层上进，最后为全印度事务委员会这个唯一的中央立法机关做准备。这一中央事务委员会应当专注于国防和安全、货币、外交政策以及具有全国性影响的产业等，其首领将成为国家政府的首脑。经过总结，阿加瓦尔指出，对甘地来说，这样一个理想宪法“必须基于组织条理的、协调一致的村庄社区，拥有积极、直接的民主、非暴力家庭经济和人类联系”。[②] 甘地对公民自由和幸福的关注超越了对国家的关注，村务委员会体系是走向“罗摩盛世”的康庄大道。

尽管印度首任总理贾瓦哈拉尔·尼赫鲁在国民代表大会上讲话时，称甘地为大会的建筑师和“国父”，指出“他伟大的精神照耀着这片土地，保佑着我们的事业”，[③]但在甘地遇刺前约一个月，阿加瓦尔向圣雄表达自己的遗憾，宪法草案并没有提到地方分权民主的概念。在自办报纸中，甘地对这一点做出回应，说这是“一个的遗漏，如果我们的独立是为了反映人民的声音，就要求我们及时关注。村务委员会的权力越大，对人民就越有利。”[④]对此，阿加瓦尔再次疾呼：“国家会尊重圣雄甘地的请求，将政治力量分权到众多村庄社区吗？”接着，他回答道：“国父同时也是我们自由的建筑师，他的愿望必须得到尊重！”[⑤]

---

① 纳拉扬·阿加瓦尔（Narayan Agarwal）：《自由印度的甘地主义宪法》(*Gandhian Constitution for Free India*)，阿拉哈巴德：吉他巴斯坦，1946，第 85 页。

② 纳拉扬·阿加瓦尔（Narayan Agarwal）：“甘地和政治权力的分权”（“Gandhi and Decentralization of Political Power”），载于克什迪斯·罗伊（著）：《甘地纪念和平号》(*Gandhi Memorial Peace Number*)，桑提尼克坦：国际大学季刊，1949，第 180 页。

③ 《制宪会议辩论》(*Constituent Assembly Debates*)，第 1 卷，新德里：印度政府出版部，1966，第 60 页。

④ “谁应该是省长？”（“Who Should be Provincial Governors?”），《神的子民》，1947 年 12 月 21 日。

⑤ 阿加瓦尔：“甘地和政治权力的分权”（“Gandhi and Decentralization of Political Power”, p.183.），第 183 页。

印度宪法

1947年8月，贱民（达利特）领袖、印度政府法律部长比姆拉奥·拉姆吉·安培多伽尔博士受命于政府，主持负责起草独立国家新宪法的委员会。甘地遇刺三周后，宪法草案提交给大会主席。里面没有提到任何关于村务委员会或任何基于甘地主义意识形态的政治机构。安培多伽尔博士与甘地通过村庄共和国实现的理想化管理制度没有任何关系。他看到的是村庄的偏见、社群主义、无知、狭隘和污秽。村庄是印度教徒利用贱民的地方。在国民大会上，他坚定地声称“村庄共和国一直是印度的祸根”，他很高兴“宪法草案摒弃了村庄，并将个体作为其单位。”①

尽管安贝德卡谴责将村务委员会作为宪法基础的思想，但甘地主义者坚持要求潘查亚特制度是圣雄愿景的一个必要组成部分。通过妥协，安贝德卡提出草案第31－A条（终稿第40条）。这一条出现在宪法第四部分，作为关于国家政策之指导原则的非强制性部分，而并不是作为国家政治结构的基础。即“国家应采取措施组织村务委员会，并赋以必要的权力与权威，使之具有自治单位之职能。”②

1949年11月26日，国民大会通过《印度宪法》，1950年1月26日开始实施。《宪法》建基于西方宪政原则，宣布这个非宗教共和国以保护（社会、政治和经济）正义、（思想、表达和信仰）自由、（地位和机会）平等、（维护个人尊严和国家统一的）友爱为目标。中央政府全权负责国防、外交、铁路、航空、海运、邮政和货币。各邦对警察部队、司法行政、卫生、教育、农业、渔业和地方政府拥有控制权。

虽然甘地期望一个由村务委员会直接选出来的分权政府，反过来间接选出更高级别的政府，但印度宪法却通过受甘地微弱影响的第40条，

---

① 《制宪会议辩论》(*Constituent Assembly Debates*)，第7卷，第38～39页。

② 《宪法》的这一章节最终在1993年《第73次印度宪法修正案》中得到加强。该修正案陈述了潘查亚特制度机构的权力和职能。

提出了“一个中央集权、直接选举的议会民主政府”。① 然而，宪法也废除了贱民制，认可非宗教国家内的成年人公民权，规定了少数人权利、个人自由、公民自由、言论和结社自由。在指导原则中，宪法还吸收了甘地的遗愿，诸如禁止屠宰牛、禁止饮用酒精饮料、促进家庭手工业。②

那么，印度最终是否形成了甘地主义宪法？阿加瓦尔抱怨说，宪法“并不是以本质上的本土传统和文化为基础”。③ 他认为行政制度不能被移植；它们必须反映一个国家的“灵魂”。就此，其他一些人也声称当前的宪法完全与印度不相容，因为它借用于西方宪法，“与印度人民的文化气质格格不入”，④只是甘地主义宪法的替代品。⑤ 然而，也有人认为，鉴于印度当时的情况，甘地的宪法思想不仅已经过时，而且完全不切实际。⑥还有些人认为，甘地主义宪法的思想是一个矛盾体。⑦ 但无论如何，甘地认为“只有我们学会管理自己”才能实现真正的独立（自由），而且“这样的

---

① 托马斯·潘瑟姆(Thomas Pantham)："甘地和宪法：议会自治和乡村自治"("Gandhi and the Constitution: Parliamentary Swaraj and Village Swaraj")，载于拉杰夫·巴尔加瓦(Rajeev Bhargava)(著)：《印度宪法的政治和道德》(*Politics and Ethics of the Indian Constitution*)，新德里：牛津大学出版社，2008，第 60 页。

② 关于这些问题的辩论摘要，参阅迪利普·库马尔·查特吉(Dilip Kumar Chatterjee)：《甘地和印度宪法制定》(*Gandhi and Constitution Making in India*)，新德里：联合出版社，1984，第 146～152 页。

③ 阿加瓦尔(Agarwal)："甘地和政治权力的分权"("Gandhi and Decentralization of Political Power")，第 183 页。

④ 参阅拉杰夫·巴尔加瓦(Rajeev Bhargava)："介绍：印度宪法的政治理论概要"("Introduction: Outline of a Political Theory of the Indian Constitution")，载于巴尔加瓦(著)，引述，第 30 页。

⑤ 格兰维尔·奥斯汀(Granville Austin)：《印度宪法：国家基石》(*The Indian Constitution: Cornerstone of a Nation*)，牛津大学出版社，1966，第 31～32 页。

⑥ 同上，第 39～49 页。

⑦ 参阅拉杰夫·巴尔加瓦(Bhargava)："介绍"("Introduction")，第 8 页；皮特·罗纳德·德索萨(Peter Ronald de Souza)，"制度愿景和社会学想象：潘查亚特制度的辩论"("Institutional Visions and Sociological Imaginations: The Debate on Panchayati Raj")，载于巴尔加瓦(著)，引述，第 30 页。

独立必须由每个人亲自经历”。① 帕雷尔指出，尽管“甘地没有参与起草印度宪法的国民大会商议”，但“构成宪法的印度观念实际上来源于甘地”，因为正是“他的民主主义哲学”充当了“让独立的印度聚合在一起的思想合力”。②

村务委员会体制对甘地至关重要，因为他的目标是创建一个基于非暴力的社会。对他来说，中央集权的国家，即使是努力行善的时候也象征着暴力。③ 当然，宪法不仅涉及政府机构、代表形式、民主或权力，还包括国家安全和国防。甘地的宪法思想也包涵了这方面的管理理念。

甘地关于国防和安全的观点

印度宪法的制定者对甘地关于国防和安全的观点有所了解。1931年在伦敦召开的关于印度未来的圆桌会议中，“甘地宣称，如果国家获得独立、如果国会是权力的的掌控者，那么他提出的第一条建议就是解散军

① M. K. 甘地，《农民自治还是印度地方自治》(*Hind Swaraj or Indian Home Rule*)，纳维佳出版社，1939，第 65 页。

② 安东尼·帕雷尔(Anthony Parel)：“独立印度时的甘地”(“Gandhi in Independent India”)，载于朱迪斯·M. 布朗(Judith M. Brown)和安东尼·帕雷尔(Anthony Parel)(合著)，《甘地的剑桥同伴》(*The Cambridge Companion to Gandhi*)，剑桥：剑桥大学出版社，2011，第 221 页。对此，参阅 O. P. 米诺卡(O. P. Minocha)：“甘地注意意识形态对印度宪法的影响”(“The Impact of Gandhian Ideology on the Indian Constitution”)，载于韦林德·格鲁佛(Verinder Grover)(著)，《甘地和印度政治》(*Gandhi and Politics in India*)，新德里：蒂普出版社，1996，第 151～77 页；S. N. 拉伊(S. N. Ray)和 D. K. 查特吉(D. K. Chatterjee)：“甘地和印度宪法制定”(“Gandhi and the Making of the Indian Constitution”)，载于 V. T. 帕蒂尔(V. T. Patil)(著)：《甘地研究》(*Studies on Gandhi*)，斯特灵出版社，1983，第 61～82 页。

③ “如果国家通过暴力来压制资本主义，那么它本身将陷入暴力的漩涡中，任何时候都无法发展非暴力。”“我最恐惧看到国家权力的增加，因为表面上看是通过剥削的最小化来行善，但是个性的摧毁对人类却造成了极大的危害，个性是所有进步的根源。”尼玛尔·库马尔·博斯(Nirmal Kumar Bose)接受采访时谈到，《印度斯坦时报》，1935 年 10 月 17 日。

队和警察，以及印度国家组织中具有暴力特点的机构。”[①]甘地认为“既然我们要与其他国家和平相处，既不剥削也不被剥削，那么我们应该尽可能地缩减军队规模。”[②]然而，宪法终稿第51条（在非强制性指导原则章节中）和其他宪法一样，把印度致力于促进国际和平与安全奉为一项神圣的权利。[③] 这是甘地坚持非暴力的延续，且是经过多次考虑之后才制定下来。[④]

1942年，甘地曾对他的传记作者路易斯·费舍尔说：“自由的印度不会像世界其他国家一样发挥作用，但我们有自己的贡献形式。”[⑤]几年之后，他仍对印度抱以最高希望：“世界上没有一个国家是无政府状态。如果真有这种情况出现，也应该是在印度；因为她是唯一至少肯做出尝试的国家。”[⑥]尽管甘地明白很多同僚对村庄共和国的分权主义体制观点不感兴趣，但他也知道“相反，很多人都想让印度成为一流军事强国，希望印度拥有坚强的核心，围绕这一核心建立整个结构”。[⑦] 然而，他并没有设想印度的大国地位。[⑧]

甘地将分权主义视为非暴力社会的必要条件，因为暴力是集权国家

---

① K. T. 沙阿（K. T. Shah）：《制宪会议辩论》，1966，第7卷，第598页。关于宪法第51条以及甘地对他们起草过程的影响的辩论，摘要信息参阅：迪利普·库马尔·查特吉（Dilip Kumar Chatterjee），《甘地和印度宪法制定》（*Gandhi and Constitution Making in India*），新德里：联合出版社，1984，第152～154页。

② 路透社“声明”，《印度斯坦时报》，1931年9月5日。

③ 第51条规定“国家应致力于：（一）促进国际和平与安全；（二）维护国家之间公正而体面的关系；（三）在有组织的民族间之交往中培养对于国际公法与条约义务之尊重；（四）提倡通过仲裁解决国际争端。”

④ 参阅《制宪会议辩论》，第7卷，第595～603页。

⑤ 路易斯·费希尔（Louis Fischer）：《与甘地在一起的一个星期》（*A Week with Gandhi*，London），伦敦：艾伦 & 安文出版社，1943，第57页。

⑥ 安纳德·T. 亨构拉尼（Anand T. Hingorani）、甘加·A. 亨构拉尼（Ganga A. Hingorani）：《甘地思想百科全书》（*Encyclopaedia of Gandhian Thoughts*），新德里：AICCI(1)，1985，第325页。

⑦ “独立”（“Independence”），《神的子民》，1946年7月28日。

⑧ 奥斯汀（Austin），《印度宪法》，第37页。

需要聚集足够力量进行自我防卫的固有特征。① 对甘地而言，“国家代表了集中的、有组织的暴力形式。个人是有灵魂的，但国家是没有灵魂的机器，它永远不会抛弃暴力，因为有了暴力才有它的存在。”②然而，如何建立这样一个开明的、自动调整的无政府社会？如何建立一个人人都是“自己的统治者”③的社会？即使是甘地也观察到，这样一个完全非暴力的社会可能永远无法建成，因为个体“不可能达到必要的道德发展水平”。④尽管他相信可以培养足够的非暴力，允许避开军队，但一小支警察部队（“与今天的军队……完全不同”，由配有轻型武器的改革者组成，作为人民的公仆）或许是必要的。⑤ 毕竟，在一个没有饥饿、几乎没有收入差距的熟人社会里，犯罪或许极少。一旦发生犯罪，可以通过当地舆论的道德压力来处理。⑥

在甘地的理论中，分权的印度不再需要军队，因为可以依赖和平军队——由接受甘地主义非暴力训练的“非暴力士兵”组成。在这样一个国家，不会有内战的威胁，“外国不可能入侵这样一个政体，其公民具有强烈的独立意识，会用死亡来对抗侵略。”⑦印度对印度对其他国家也不会实行帝国主义计划，经济上自给自足。一个不会掠夺外国市场的民族，很难

---

① “手纺纱作为一种价值尺度”（“Hand-Spun as a Measure of Value”），《神的子民》，1942 年 1 月 18 日；“纺纱轮与工厂”（“Spinning-Wheels vs. Mills”），《神的子民》（*Harijan*），1939 年 12 月 30 日。

② 对尼玛尔·库马尔·博斯的采访，《印度斯坦时报》，1935 年 10 月 17 日。

③ “权力不是结束”（“Power Not an End”），《青年印度周刊》，1931 年 7 月 2 日。

④ 贾亚普拉卡什·纳拉扬（Jayaprakash Narayan）：“甘地和地方分权政策”（“Gandhi and the Politics of Decentralisation”），载于思博纳拉扬·拉伊（Sibnarayan Ray）（著），《甘地、印度和世界：国际专题论文集》（*Gandhi, India and the World: An International Symposium*），墨尔本：霍索恩出版社，1970，第 240 页。

⑤ “我的警察部队思想”（“My Idea of a Police Force”），《神的子民》，1940 年 9 月 1 日。

⑥ 更多内容参阅安托·塔蒂南（Unto Tahtinen），《惩罚的非暴力理论：印度和西方国家》（*Non-Violent Theories of Punishment: Indian and Western*），德里：莫提拉·班纳西达斯，1983，第 47～50 页。

⑦ 帕瑞克：《甘地的政治哲学》，第 115 页。

有机会发生国际冲突。① 实际上，地方分权和乡村化是成功抵御外来侵略的需要；他们本身就可以反抗现代战争。集中化的工业为空炸提供了容易受到攻击的目标，几颗炸弹就可以成功扰乱整个国民经济。因此，从战略角度来看，一个国家如果把大规模工业集中在几大城镇，那么就变得非常脆弱。②

关于甘地主义宪法的"国防"问题，阿加瓦尔指出，甘地"希望自由印度不要有任何抵抗外国侵略的武装力量，希望印度发展受过训练的非暴力力量，来勇敢、成功地面对侵略。"③阿加瓦尔又补充道甘地是一个现实主义者，"他完全意识到自己国家的局限性。假如自由印度愿意仅维持一支非暴力军队，尽管他将为此感到由衷的高兴，但不得不承认马上实现这一理想是相当困难的。"④因为，比起暴力来，他更担心人民的懦弱。

尽管国家防御至关重要，但甘地推荐民用国防，而非军事国防。⑤ 民用国防与常规战争不同，目的不在于保护特定对象如边境、建筑，而在于捍卫整个社会的防务（"我们的生活方式"）。当国家被实质性地接管（或许是入侵者踏过手无寸铁挡在入侵道路上的民众的尸体之后）⑥，非暴力政治斗争会替代侵略战争，侵略者变得与国内暴君一样，民众的反抗和非暴力不合作成为战术。⑦ 这样的政策让个体对他们的安全拥有真正的发言权，它不会被视为邻国的威胁，让入侵变得没有借口，从而有望减缓危

---

① 帕瑞克：《甘地的政治哲学》，第 115 页。

② 阿加瓦尔：《甘地主义宪法》，第 63～64 页。

③ 同上，第 109 页。

④ 同上，第 110 页。

⑤ 托马斯·韦伯："甘地的"生活墙"和莫德·罗伊登的"和平军队"（"Gandhi's 'Living Wall' and Maude Royden's 'Peace Army'"），《甘地·马尔格》，第 20 卷，第 4 期，1998，第 199～212 页。

⑥ "欧洲来信"（"Letter from Europe"），《青年印度周刊》，1931 年 12 月 13 日。

⑦ T. K. 马哈德万（T. K. Mahadevan）、亚当·罗伯茨（Adam Roberts）、基恩·夏普（Gene Sharp）（合编），《民用国防：简介》（*Civilian Defence: An Introduction*），新德里：甘地和平基金会（New Delhi: Gandhi Peace Foundation），1967；亚当·罗伯茨（Adam Roberts）（著），《民用国防战略：非暴力抵抗侵略》（*The Strategy of Civilian Defence: Non-Violent Resistance to Aggression*），伦敦法布尔，1967。

险的军备竞赛。

面对纳粹对犹太人实行种族灭绝的暴行，甘地尽力放弃与大规模的罪恶作战的方式，声称如果有一场“人性名义下的合理战争”，那么“对德国的战争……完全是合理的。但我不信赖任何常规战争。”[①] 当日军穿过缅甸逼近印度时，甘地被迫阐明关于在战争时代即将采取行动的思想。他反对以暴制暴，即使在国家需要防御的情况下，“因为国防必须使用敌人使用的一切讨厌手段，而且为了取胜，则需加大力度。”[②] 甘地相信，没有人会向暴力屈服，而且应当保护有正当理由的财产，因此可能需要进行“没有武器的战争”。必须以积极的方式去做，目的在于改变对手，而不是用消极方式发动常规战争来对抗暴力。[③] 如果入侵真的爆发，这种方法依赖于调解、单方面裁军措施和对真理的寻求，以及民用国防计划支持下的非权术外交政策。

甘地认为，手无寸铁的民众组成“生命墙”进行自我防卫，“与提供强制性抵抗措施相比，人们不会遭受更多的损失；军备和防御工事方面也无需支出。”[④] 假如每个人都是真正的非暴力不合作者，那么这种方式将行之有效。[⑤] 于是没有必要组织精良的民用国防计划，因为最有效的非暴力措施将自然而然地的发生。尽管需要生命墙来进行边界防卫的训练可能极难实现，但甘地坚信，只要给予适当的培训和适当的领导，这种非暴力行为将通过广大人民群众得以实践。[⑥]

---

① “犹太人”（“The Jews”），《神的子民》，1938 年 12 月 26 日。

② “审判”（“On its Trial”），《神的子民》，1942 年 3 月 15 日；另参阅“如何抗击希特勒主义”（“How to Combat Hitlerism”），《神的子民》，1940 年 6 月 22 日。

③ 安德斯·波塞鲁普（Anders Boserup）和安德鲁·麦克（Andrew Mack），《没有武器的战争：国防中的非暴力》（*War Without Weapons: Non-Violence in National Defense*），纽约：1974，第 21～36 页。

④ “美国的两个问题”（“Two Questions from America”），《神的子民》，1940 年 4 月 13 日。

⑤ 即：一个精通非暴力不合作运动的人，甘地非暴力行为主义的求真方法。

⑥ “一些已回答的问题”（“Some Questions Answered”），《神的子民》，1938 年 12 月 17 日。

1940年8月，甘地接受美国《自由》杂志的一次题为《印度能否得到保护?》的采访时，阐述了面对侵略时，一个假定自由的印度将采取什么行动。他宣称“自由印度联邦的代表会让入侵者进入，没有反抗。但他们会在边境告诉入侵者及军队，印度人民将拒绝配合任何工作、任何事业。他们拒绝服从命令，无论怎样威胁，无论怎么惩罚。”①

在《甘地主义宪法》中，阿加瓦尔说：“此外，在圣雄甘地鼓舞人心的指导下，如果印度能通过非暴力获得政治独立(事实或多或少的确如此)，她肯定会在世界其他敌对国家中释放出友好亲善的巨大力量。圣雄甘地表达了希望，印度的独立和自由将意味着非暴力和国际和谐。”②国民大会的甘地主义总统、印度共和国第一位总统拉金德拉·普拉萨德专门引用了他认为是甘地主义的第51条，指出“尽管被冲突撕裂的世界仍依赖于武器建立和平和亲善，但如果印度能忠实跟随甘地的教导，实施宪法的指导性原则，那么印度注定要扮演伟大的角色。”③鉴于甘地的理论，以及他试图向所热爱的国民教导的一切，印度能否比普拉萨德的设想发挥更重要的作用?正如阿加瓦尔提出的一个与甘地观点更为接近的设想?

浪费了一个机会?

需提及的是，在宪法制定期间，印度已经与巴基斯坦开战，在很多人看来，一个高度分权的政府体制不利于国防建设。此外，尽管克什米尔争端对民族融合提出质疑，但政治动荡带来的饥饿让政府受到威胁，临时政府需要关注食物分发问题。低水平的国家经济发展需要高效的通讯和交通、电力和重工业。很多当权者认为，在极度分权的政府体系中，想做好这些无异于天方夜谭。

上述困难或许真实存在，然而最近一篇文章提出，一些从根本上说至关重要的东西是否被浪费掉了。不幸的是，这种机会在历史上也许只会

① 《圣雄甘地》，第10卷：最后阶段，第二部分，纳维佳出版社，1958，第814页。

② 阿加瓦尔：《甘地主义宪法》(*Gandhian Constitution*)，第112页。

③ 《制宪会议辩论》，第14卷，第992～993页。

出现一次。C.道格拉斯·拉米斯指出，实践中的西方民主仅仅是“参与定期选举的权利”而已。① 相比之下，阿加瓦尔在书中展现的甘地主义宪法，“没有使用‘民众’这一模糊的实体，而是清晰地将其定位于大量特定组织——村庄，从而让人民主权拥有一个不同的结构”。这意味着主权真实具体，不是一个可以轻易从人民手中溜走的神话：“它就在那里，在人们生活的村庄，在那里人们可以紧紧抓住它。”这些村庄共和国没有暴力军队。甘地的追随者维诺巴·巴韦和贾亚普拉卡什·那拉扬后来从某种程度上建立了甘地梦想的志愿者体系——和平士兵。他们承担自治村庄的非暴力维和工作。② 即使村务委员会体制和志愿维和人员不能代替国家和军队，但他们或许未来可以被引入到国家框架之中。不幸的是，当印度总理英迪拉·甘地宣布“紧急状态”，中央集权国家趁此对国家实行独裁统治时，这个实验就夭折了。③

然而，拉米斯仍然奇怪为何甘地的提议不如其他乌托邦作品出名。他得出的结论道，阅读其他乌托邦作家的作品只是为了理论兴趣。他们的计划不会被斥责为“不切实际”，因为并未构成威胁，且在任何情况下，没有机构会实行这些计划。而另一方面，甘地不是为了理论兴趣才奔走疾呼，何况至少在短暂的时间内，有一个实践机构支持他的理想，即甘地领导的国民大会和公众支持者。

---

① C.道格拉斯，拉米斯(C. Douglas, Lummis,)：“可以想象的最小军队：印度的甘地宪法提案以及日本的和平宪法”(“The Smallest Army Imaginable: Gandhi's Constitutional Proposal for India and Japan's Peace Constitution”)，亚太杂志：聚焦日本，2010 年 1 月 18 日，可查阅 *http://japanfocus.org/C_Douglas-Kynnus/3288*

② 20 世纪 60 年代到 20 世纪 70 年代中期的迅速发展时期，甘地主要跟随者再次着眼有关警察和武装部队、村庄共和体、政党和选举的问题，以及通过能够选举自己的候选人的“有组织的社区”而自下而上地建立民主的问题。参阅托马斯·韦伯：《甘地的和平军队：和平军队和手无寸铁的维和》(*Gandhi's Peace Army: The Shanti Sena and Unarmed Peacekeeping*)，锡拉丘兹：锡拉丘兹大学出版社，1996；托马斯·韦伯：《和平军队：哲学、历史和行动》(*Shanti Sena: Philosophy, History and Action*)，新德里：东方黑天鹅出版社，2009。

③ 虽然 1993 年《第 73 次印度宪法修正案》让潘查亚特制度机构正式化，但和平军队却消失了。

> 其实,这一点早已多次向世界证实,只是因为无人能够完全阐述清楚:以甘地为首的印度国会有魔力将不可能变成可能,进而变成既定事实。……在他的领导下,迄今为止政治世界中被视为不可能的现象也都实现了……(而且)这肯定是为什么他的提议能激起不安的感觉,而其他乌托邦式提议却没有。尽管很难想象他的宪法在今天的印度得以实施会是什么样……但如果国会领导没有抛弃甘地,没有选择作为一个普通的(暴力)国家,那么这种可能性在当时也是存在的。

拉米斯是正确的,现在实施这样一种宪法“实在难以形象”。然而,考虑到这一点,他又问道:为什么甘地的思想至今仍然让某些人感到坐立不安?拉米斯的回答很有意思:

> 在刚刚过去的历史中,存在一个完全可能的事实,打破了我们政治信念中的一条公理:(暴力)民族国家是不可避免的,相当有必要,不容置疑,且别无选择。国家的建立包括印度,不是人类的选择,而是命中注定……而甘地主义宪法却让我们猛然发现,在当时民族国家只是选项之一。令人心酸的是,(阿加瓦尔的)这本简陋的、几乎被忽视的小册子……竟然论述了印度没有选择的那条道路。

我们不得不疑问,如果真选择了这条道路,情形将会如何?假如政府实施甘地计划,将会是前所未有的事件,这是一场革命,“不是由底层人民通过起义夺取国家,而是由刚刚夺取国家的人放弃国家,加入到底层人民当中”。当然,这只是一场空谈。到这个时候,那些协商独立的人已经或多或少地对甘地持观望态度,他们不会采取圣雄的建议,变成卑微的村庄工人。他们希望作为政府官员,掌管建社新印度的任务。甘地抱怨说,已经没人再听他的话了。他曾多次表示渴望到 125 岁,能一直为他的人民服务,但雄图大志往往落空,而且他似乎已做好了死亡的准备。很难想象,印度刚独立后不久,甘地如果没有被遇刺,他又会变成什么样。无论如何,甘地的死或许是他最伟大、最重要的牺牲:在很大程度上,让动荡不安的国家深受震惊,从此走向和平。

如今,甘地被尊为"国父",与其他国家对他们英雄创始人的自豪程度相比,印度人更感骄傲。他让印度在世界上获得了极大的尊重。拉米斯在文章结尾处引用采用了这一说法个观点,指出政府现在可以参与到现实政治中,可以武装起来,而无需遭受不需要受到国父的批评(甘地通常被称为"国父")。事实上,当他们根本不符合甘地思想的时候,对于那些希望关注的人,他们政府可以说出"这符合甘地的思想"这样的话,尽管完全言不由衷。

结论:其他可能性

拉米斯是正确的,即使甘地主义和平宪法有可能实践,这个机会也被浪费了。然而,这并不意味着所有可能性都无法挽回地失去了。[①] 全世界有十几个国家没有设立军队,[②]如日本。尽管有人试图恢复,但日本宪法第九条规定:日本国民放弃为了国家主权而发动战争,拒绝武力解决争端。此外,近年来出现了一个研究热潮:从不同角度来考察安全的意义,包括非暴力观点。

许多国际关系理论家已认识到,在国家体系中,一个国家的安全与其他国家紧密相连。"共同安全"的支持者主张零和方式,即一方的获得自然意味着另一方的损失,这种思想已经不再适合了。换言之,重点必须关注每个人的安全,而不是国防,同时这种安全不能仅仅是军事安全。当我们谈论安全,我们到底谈论的是什么?一旦涉及这个问题,一个更激进的观点——"综合安全"就呼之欲出。安全为谁?答案必须是人民,而不是

---

① 对格伦·佩奇(Glenn Paige)主张的"非杀戮社会"的反应似乎是,尽管目前还不可能,但有可能会成为可能。参阅格伦·D. 佩奇:《非杀戮全球政治科学》(*Nonkilling Global Political Science*),新德里:甘地媒体中心,2002,第 20 页。

② 然而,必须承认,大约十几个没有军队的国家中(取决于包含的部队和联盟的程度),除了哥斯达黎加和巴拿马,其他的都非常小。

国家或政府。国家安全必须只是一种达到目的的手段;真正的衡量标准是人们的感受。为人民的国家安全必须包含人们感受到的所有安全威胁,这些不需要、事实上也不会局限于军事安全威胁。军事安全威胁可以通过武器的增加来化解、防卫。甘地非常了解,当大多数人感觉不安全的时候,国家也许就完全可以不受侵略。此外,目前有些讨论很可能直接源自圣雄精神。越来越多的理论家开始讨论民用国防,与甘地"生命墙"的防御方法非常类似,"和平军队"式的组织如国际和平之旅,旨在保护人权运动家、尤其是第三世界的人权运动家,因为在那里警察几乎无能为力。①

这些支持国防安全新观点的行为,部分原因在于人们对自己的安全拥有真正的话语权。对国家而言,减少常备军的需求将缩减开支,可以留出更多资金缓解其他不安全领域如失业造成的恐惧、医疗和教育的不足等。此外,有可能结束安全困境,国家受侵略的可能性降低,因为邻国不会将其视为一个威胁,由此攻击的理由在国际舞台上失去合理性,从而减少那些耗资庞大、最后反而弄巧成拙的军备竞赛。听起来是不是很像甘地主义?②

鲍尔指出,甘地可能没有充分抓住国家政治中需面对的很多至关重要的问题;他可能没有设计出一个有效结束战争的方法,没有构建一个处理国际事务的新理论。③ 而拉米斯和一些新生国防理论家却提出异议,声称甘地的愿景远远领先于其时代,对我们这些眼界狭隘的人来说太过于激进。然而,甘地的积极成就及事例改变了很多人的一生。通过他的

---

① 伊素瓦·摩索尔(Yesshua Moser-Puangsuwan)、托马斯·韦伯(合编):《跨越国界的非暴力干涉》(*Nonviolent Intervention Across Broaders: A Recent Vision*),夏威夷马诺大学斯巴克和平研究所(Spark M. Matsunaga Institute for Peace),2000年。

② 托马斯·韦伯:"甘地和世界政治",载于西达尔特·玛拉瓦若普(Siddharth Mallavarapu)和B. S. 西姆尼(B. S. Cimni)(合著),《国际关系手册》(*Handbook on International Relations*),德里:培生朗文出版社(即将出版)。

③ 保罗·鲍尔(Paul Power):《世界事务中的甘地》(*Gandhi on World Affairs*),伦敦:艾伦 & 安文出版社,1961,第135～136页。

成就和他所影响的那些人的成就，世界随之发生了改变。甘地的冲突哲学和对正义的坚持，贯彻于争取更好的国际关系体系之斗争中。他坚信非暴力不仅仅局限于个人使用，它可以是一个社会的态度，由国家主导实践。① 其他一些国家的"国父/国母"在某些地方、某些时候，同样勾勒出宏伟的愿景、彰显着极大的勇气和力量。当他们参与起草新国家的管理文件时，这一伟大图景很有可能真正实现。

① "平均分配"("Equal Distribution")，《神的子民》，1940 年 8 月 25 日；"与阿卜杜勒·加法尔·汗的讨论"("Discussion with Abdul Gaffar Khan")，《神的子民》，1938 年 11 月 12 日。

7. 圣雄甘地的和平教育遗产

约翰·P.史诺特

前言:非暴力不合作原则是社会行为的基础

在领导南非和印度的印度人民争取自由、正义和独立的斗争中,莫罕达斯·卡拉姆昌德·甘地认为,最让他深受鼓舞的价值观是他坚信人的精神本质,坚信人性的同一性。他在很多场合写到并谈到这些信念。例如,1927年对迈索尔的学生讲话时,他说:"一直以来,我所做的一切都是为了完成对神的职责。我认为这是正确的事情。神并非在天空、天堂或其他地方。他在每个人的心里,无论你是印度教徒、伊斯兰教徒、基督教徒还是其他教徒,无论你是男人还是女人。"[引自《印度教徒》,1927年7月21日(CW34,第203~204页)]对人性同一性的信仰是他非暴力不合作(Satyagraha,意思是追求真理)策略的基础。(库马尔,2009:17)著名的甘地主义学者拉温德拉·库马尔引述甘地对非暴力不合作的描述如下:

> 正义战争是直接行动中最强大的方式之一,在现实中是一种安静的、缓慢的力量;世界上没有一种力量如此直接或如此迅速;它排除了任何形式的暴力,无论是遮遮掩掩的、还是公布于众的;无论是思想言语上的、还是行动上。(《神的子民》,1933年4月15日,引自库马尔,2009:18)

甘地的追随者及和平研究学者广泛认可的是，非暴力不合作运动的中心意思是非暴力主义。（拉马钱德兰和马哈德文，网络资料；库马尔，2009）当谈及真理与非暴力两大概念时，甘地说道："将他们分开是不可能的。他们就像一个光滑的、未盖戳的金属盘。谁能分清楚哪个是正面，哪个是反面呢？然而，非暴力是手段，真理是目标。"（甘地，寻找上帝，27；引自库马尔 2009：19）

甘地利用这些观点来追求在南非和印度的政治目标，追求他的理想社会（如，博纳 Bhana 和凡达 Vadeh，网站资料），这一点广受评论。后来，甘地的理论模式被公认为是在复杂背景下发动非暴力社会和政治行动的灵感。众所周知例子不胜枚举：马丁・路德・金博士承认为美国黑人争取民权的运动受到了甘地的影响（金，1958）；德斯蒙德・图图大主教承认在消除南非种族隔离制度的斗争中，他的行动受到了甘地的激励；昂山素季夫人在对缅甸军事统治的非暴力抵抗中也一直受到甘地的启发。和平研究学者纳格勒（1999）把甘地称为非暴力不合作原则最清晰、最完整的代表人物，并补充道："甘地是和平文化的内容（非暴力）和最有效的形式（具体的，特别是建设性的行动）的大师，是下一个千年的'文化英雄'。"（纳格勒，1999：237）

纳格勒将甘地非暴力不合作原则和非暴力不合作战略进行了对比。非暴力不合作战略中，非暴力是达到目的的手段，但并非基于诸如甘地所拥护的人性同一的精神原则。纳格勒（1999）观察到，东欧从共产党统治过渡到民主国家以及世界其他地方独裁政权被推翻，主要是通过非暴力战略来完成的，并未遵循非暴力不合作运动的途径。2012 年，所谓的阿拉伯之春事件期间，非暴力民众起义直接导致埃及、突尼斯和也门独裁统治被推翻，这是非暴力不合作原则一个最近的案例。当然，在中东地区近期发生的民众起义中，这一原则受到严峻的考验。在利比亚，最初的非暴力抗议发展成为血腥的内战。在叙利亚，以独裁总统为首的根深蒂固的阿萨德家族使用了极端武力后也走向了这一步。使用"人民力量"反对专制政权已被广泛和成功运用，但并不代表和平文化迎来一个崭新的黎明，也不代表一个崭新的价值体系和世界观由此诞生。正如纳格勒所评论的：

> 为了迎接一种新文化的到来，我们需要一种新的价值体系和世界观，这些只能来源于以活跃的、自我牺牲的爱或“灵魂力量”为基础的非暴力。新的文化，换言之，一种最初不会产生如此多摩擦和冲突的文化，必须植根于一种新的文化理念（具体来说就是人们的一种新想法），而且有权势和影响力的人可以相互影响。从这个意义来说，战略性非暴力……根本上与工业殖民时期世界观的一般模式并无天壤之别。（1999：244）

除了参加直接斗争，甘地对改造现有社会、接受非暴力不合作原则、承认人类活动的相互依赖性以及人性同一性进行了深深的思考，特别强调教育所发挥的重要作用，写道：“为了创造一个新世界，教育必须采取一种新形式。”（甘地，《神的子民》，1947 年 1 月 19 日）

和平教育的二分法

非暴力不合作原则和战略性非暴力之间的区别，为理解当代社会和政治动荡提供了一个有用观点，有利于分析国际关系、政治经济和社会关系中的非暴力地位。

在分析教育尤其是和平教育的不同方法时，这种二分法也相当必要。教育是传播文化的主要传统社会机制。正规教育源于传统文化的教学，包括宗教教化和政治教化。在现代民族国家，教育机构是实施国家政策的一种战略手段。现代国家都关注教育，教育有助于提高国家在全球经济中的国际经济实力，同时也是独立国家中社会凝聚力、传播民族价值观和爱国忠诚的载体。教育还可以作为巩固宗教专制的载体，如现代伊朗，叙利亚阿萨德暴政或朝鲜金正日政权等世俗独裁者的所作所为。这些教育方法均具有战略意义，旨在维护教义的权力或本国集团的合法性和连续性。

在教育实践的广泛范围内，和平教育发挥了一系列重要作用。在发生重大冲突或冲突后的社会,和平教育终止、转换并协调相互冲突的各方力量,创建实现和平的条件。(所罗门和尼沃,2002)在其他情况下,和平教育工作者对主流制度进行批判性分析,努力识别并清除压迫人权的惯例。同时,和平教育被引入到教学体制中,成为"主流",体现为价值观教育、人权教育和环境教育。诸如解决冲突等与和平教育有关的实践,也已纳入学校日常流程。(约翰逊,2006)可以说,当前和平教育在西方学校中的地位比教育史上的任何时期更显重要。

和平教育开拓了一个特别重要的教育领域,非暴力行为提升为核心原则。在和平教育文献中,出现了许多有价值的和平教育理念(如哈里斯和莫里森,2003;斯诺特,2005)以及自成体系的模式。(如达内施,2002 和文登,2004 等)此外,还有很多跨越不同教育背景的和平教育实践案例。例如,冲突和冲突后社会的和平教育项目被公认为消除冲突、建立和平社会之进程的重要特征。(舒尔茨,2008;哈里斯和卢尔,2008)

同样,也存在一些并非致力于重大冲突的和平教育方法,只针对校园暴力,如校内屠杀、欺凌和群体间冲突。(里格比,2006;休斯和唐纳利,2006;斯诺特,2009)该领域的大部分和平教育工作一般围绕特定群体的结构性暴力进行检讨,倡导避免这些行为的方法。采用相同方法的还有旨在消除种族主义或其他歧视的和平教育。学校课程采取非暴力解决冲突、促进校园和平文化发展、传授个人和平安宁等和平教育手段,来构建安全环境、防止冲突。国际公共关系协会的《和平教育杂志》提供了各种和平教育理论观点和实例分析。该领域的学术研究正在不断壮大,哈里斯(2004)、里尔登(1986)、托哈和佛瑞斯卡-卡瓦格斯(Toh and Floresca-Cawagas)(1987)、纳瓦罗·卡斯特罗和纳瑞欧-格拉斯(Nario-Galace)(2008)等只是其中几位代表性人物。

从更大范围来看,和平教育的目标之一是促进世界和平文化发展。联合国教科文组织、海牙世界和平文化运动等联盟肩负教育使命,代表朝着这一理想和目标努力的国际教育组织。国际和平文化的观念在《地球宪章》及类似言论中得到拥护。许多和平教育的方式是从《世界人权宣言》所信奉的人权原则中发展而来。

因此，和平教育的方式纷繁多样，各具特色，从不同的基本概念、原理、构想和实践中演变而成。然而，非暴力主义在所有和平教育的核心原则，将和平教育与其他教育区别开来。如前文所述，尽管非暴力不合作原则或战略性非暴力可能以不同的名词出现，但非暴力精神始终贯穿如一。

现代历史上，甘地是非暴力不合作主义最重要的倡导者和支持者，并将之贯彻到实践活动中，颇具说服力。因此，支持和平教育的方式、研究甘地的教育理念及方法，对我们大有裨益。这项事业不可能一蹴而就，因为在研究过程中可能会遇到各种困难，这些困难均源自甘地那个时代、那种境况下所特定的历史和环境因素。

甘地教育愿景分析的局限性

"我没有什么新的东西教给这个世界。真理和非暴力如同山岳一样古老。"（甘地，《青年印度周刊》，1931 年 10 月 10 日，引自库马尔，2010:60）

首要困难在于，如同他在其他领域的许多活动一样，甘地没有写下或明确地表达任何关于教育的全面论述。然而，在其活动、著作和演讲中，他曾作出一些相关评论和声明。另一个困难是，针对很多话题和问题的观点，甘地一生中进行了多次改变和改良。他也承认这一点，并维护转变观点、改变想法的权利。甘地评论说："我一点也不关心表面上的一致性。在寻找真理的过程中，我放弃了许多想法，学到了许多新东西。"（《神的子民》，1933 年 4 月 29 日；引自库马尔，2010:67）他的教育观点毫无疑问地符合了这种自我性格化。甘地同时还写道，关于任何话题的最新观点都应该看作是最完整的观点，因为他对问题的理解在不断精炼。《神的子民》曾提到："如果有人发现我的两个作品中有任何不一致的地方，如果他仍对我的理智抱有信心的话，他就会选择同一主题中较新的一个。"（1923：2）然而，这需要对他一生的生活和工作中的关键原则声明和实践进行识别，因为正如甘地所说，"我的人生就是我想要传达的信息"。（引自库马尔，2010:56）

和平教育的当代国际学者还认为，甘地的实践活动以印度身份、历史和环境为基调。尽管甘地眼界开阔，放眼全世界的统一和自由，但其大多数特定言论是直接以印度为背景，其中包括关于教育的观点。因此，在分析过程中，需要在一定程度上运用文化相对论。甘地实际上只是一个伟大的民族主义者，坚信印度将在国际事务中承担杰出的使命，深刻地影响其他国家。“我觉得印度的使命与其他国家不同，她适合成为这个世界的宗教圣地。”作为激励其追随者的豪言壮语，甘地的这些言论显得过于直白，需要放到当时的环境中进行理解。关于印度非凡的传统和命运，他还发表了很多类似的言论。因此，考察甘地的教育观点需要运用比较教育和分析的方法。

除了文化差异之外，一个世纪之前的教育实践与现代相比还存在时间上的差异。甘地对英殖民地教育规范提出强烈抗议，后者在澳大利亚、加拿大、爱尔兰和肯尼亚等地盛行。在所有英语殖民地，主导学校实践的是兰开斯特教学模式，以严格的纪律、机械式学习出名，较少注重培养学生自己的观点。甘地的教育理念对这种模式表示质疑。他反对义务教育，而在英国义务教育是教育改革者的使命。甘地说：“麦考利制定的教育制度奴役了我们。虽然他本意并非如此，但事情的结果已然这样。”（引自库马拉帕，1953；网站）甘地尤其强调教育应当是非暴力的，不应该对儿童进行强制性教育。这对 18 世纪末以来国民教育成为英国传统教育范式提出了挑战。[里奇，1989；谢里顿(Sherington et al).1987]

甘地的教育理念还有一大特点，即他的观念常与 21 世纪当代教育的标准不尽相同，其中最具代表性的或许是关于性教育的观点。甘地认为，性教育对男孩和女孩同等重要，但性教育的目的是赋予人们持久的力量去遏制“满足性冲动”。（《神的子民》，1936；引自国家教师教育委员会，1998）他的性教育目标是“用来征服和纯化性激情”，作为完成自我控制和自我精神实现的重要一步。此外，甘地坚持认为唯一有资格教授性知识是实现了自我掌控性欲或者如他所说的“控制性技术”的人。（《神的子民》，1936；引自国家教师教育委员会，1998）在当代社会对待性教育的自由主义态度下，这些观点显然不切实际，对教师的要求当然也近乎不可能。甘地的立场取自传统的印度唯心论和瑜伽对性的观点，禁欲的实践受到他的拥护，成为他自己及追随者的一种理想。因此，在这一点上，他与印度唯心论传统如出一辙。

这些初步探讨力求确定在分析甘地的教育理念时，有可能遇到的困难。下面的章节将简要讨论甘地教育思想的关键要点。本文所引用的著作和言论主要来自两部优秀的作品；一是由印度国家教师教育委员会（J. S.拉杰普特，主席）出版的《甘地论教育》（1998），二是《甘地教育著作汇编》，由巴拉坦・库马拉帕编辑，1953 年第一次出版。

对现有教育体制的批判

甘地在印度和南非教育体制下所经历的不幸，为他决心探索新的教育方法奠定了基础。

他的求学经历是当时相当典型的印度男孩经历，归根于殖民统治的结果。尽管出生于中产阶级家庭，甘地却在英治政府办的当地学校接受教育。（费舍尔 Fischer，1950；费罗里驰 Feuerlicht，网站资源）所有课程为英语教学。甘地出生在西印度一个名叫帕班达的小地方，1875 年六岁开始上学。历史学家罗伯塔・费罗里驰评论道，甘地生性内向，在校期间努力学习数学却进步较慢。第二年，举家搬到拉杰果德镇后，甘地变得更加害羞，为了避免其他孩子的嘲笑，他甚至会从学校跑回家。甘地 13 岁时，听从家里安排结了婚，当时他还是个高中生。据费罗里驰记载，他当时的学习已取得显著进步，还获得过未成年人学术奖项。18 岁时，甘地完成高中学业。同年，父亲去世。甘地曾就读于印度一所小院校，时间并不长。1887 年，他离开拉杰果德镇的年轻妻子，前往英国伦敦的大学学习法律。起初，他这么做的动机完全是为了子承父业，担任土邦首相官员，为英国管辖下的当地印度王公工作。但后来，在英求学期间，他迎来了人生的一次重大转折。

从某方面来讲，甘地在伦敦求学的经历，预示了今天那些在西方大学求学的印度学生的经历。他经历了语言障碍、文化不适和生活贫困。他对英国文化充满兴趣，但尽管从未沉醉其中。就是在英国，甘地才开始接触开创性的著作和原则，为他的哲学奠定了基础。具有讽刺意味的是，一位英国同僚邀请他一块研究世界上最古老的史诗《博伽梵歌》。甘地之前从未读过任何一本古代史诗，从中发现了诸如舍弃和高尚行为等这些印度传统和价值观的精神基础。《博伽梵歌》深深地吸引着他，甚至被他称为“行为的词典”。他还研究了《新约全书》，特别是《登山训众》中关于非暴力的宣言深深地影响了他。甘地还拜读了约翰·拉斯金和托尔斯泰的著作，其中关于和平主义、精神生活和集体社区的观点对他的影响极为深远。1891年毕业后，甘地立刻返回印度，却发现在这里就业前景黯淡，因为他熟悉英国法律，却不了解印度当地政府中适用于印度教或伊斯兰教的法律。（费罗里驰，网站资源）急需一份工作的甘地甚至去高中应聘英语老师，却被认为不合格。24岁的甘地有一个妻子和两个儿子，为了养家，他的境况非常窘迫。就在此时，他得到一个在南非印度律师事务所工作的机会。1893年，他前往南非，最初的工作期限为一年。

甘地的教育经历揭示了19世纪晚期印度在殖民教育制度下普遍存在的异化感、扭曲的学习状态。英国求学经历让他具备了殖民国家的学历，但在自己的国家却毫无用处，这也预示所谓“文凭病”泛滥的现象。（多尔 Dore，1976）自20世纪60年代第三世界前殖民地国家争取自治独立后，这种现象相当普遍。甘地为自己所受的教育感到遗憾，称之为“知识不成熟和放纵”的时期，但正是其教育经历促成职业生涯的选择，让他作出了前往南非的决定。

甘地抵达南非后，亲眼目睹了种族歧视，以及针对生活在英国和荷兰（布尔）领地的印度人群所遭遇的法律歧视、官方压迫和种族偏见等。(博纳和凡达，网站资源)生活在英属地德班和纳塔尔，他决定反抗针对印度人的歧视，发起运动反对压迫印度人的法律和惯例。

南非的殖民教育情况或许比印度更加压制，如禁止印度孩子上政府办的学校，但必须进基督学校。这对印度人来说实在难以忍受，从而促使甘地开始推行教育活动。

就本质而言，甘地认为南非和印度的印度人教育是一种把英语作为殖民主义媒介来进行教学的“伪教育”。他清楚“殖民体制不能满足人民的需求”，于是写道，“主流的教育制度让我们变成奴隶，一切都是属于政

府的”。(引自国家教师教育委员会,1998)

甘地开始制定自己的教育思想,以此支持争取自由的斗争。他提出“一切为教育而作出的努力,目的都是为了获得自由”,要在为自由而教育或为服从而教育之间做出选择。与其深刻观点相一致的是,他认为教育最终是为了灵魂的提升和自我的实现。“我们的武器是精神上的”,他主张教育应该培养这种能力。这使他坚信,获得解放并非凭借学习的魔力,而是通过性格的奇迹,“不是通过满足政府,也不是通过以暴制暴,而是用和平的精神努力反对侵略性的邪恶行为。”

在组建反抗力量的早期,甘地认识到在其他地方如朝鲜反抗日本殖民政权过程中,学生是参与政治反抗和革命最前沿的力量。1919 年的独立运动显示,学生是支持朝鲜领导者的大规模示威游行的先锋。甘地意识到年轻人对完成其使命的重要性,开始寻求方法来培养他们追求非暴力不合作的能力。此外,他确信妇女将对和平革命发挥重要作用,倡导妇女受教育的自由与平等权。尽管与男性接受的教育不完全相同,但应该与妇女在文化中所扮演的角色相适应。

因此,甘地开始详尽制定一种教育模式,其中引入了人类同一性的观点。他写道,“人类活动的全部领域……构成了不可分割的整体。不能把生活、社会、经济、政治和宗教割裂开来,自成一体。”(引自库马尔,2010:65)他认为教育的主要目的是塑造性格,需要保持身体、智力和宗教学习方面的平衡。他的宗教学习观点包括不同的信仰,这与他认为所有宗教有一个共同的神的观点相一致。

相比文学学习,甘地更注重手工学习和产业学习。

从自身经历来看,用英语学习具有破坏性影响,甘地坚持认为教育应该使用当地语言。他对语言问题特别关注,因为“让数百万人学英语就是奴役他们。”他解释说:

> 需要注意的是,通过接受英语教育,我们奴役了整个民族。虚伪、暴政等问题有增无减;懂英语的印度人毫不迟疑地欺骗,让人不寒而栗。现在,如果我们能够为人们做点事情的话,仅仅

> 是为他们还一部分债而已。如果我想去法院,必须用英语作为媒介,这难道不是一件很痛苦的事情?当我成为一名律师,但听不懂母语,还需要别人把我自己的语言翻译给我听?这岂不是太荒谬了?难道不就是奴隶的标志?我该怪英语还是怪自己?正是我们这些懂英语的人奴役了印度。国家的祸根不在于英语,而在于我们。(引自“英语教育”,库马拉帕,1953;在线)

法农(Fanon)、赛德(Said)和其他学者对制度化压迫进行了解构,但早在他们的著作问世之前,甘地就已对殖民国语言的意识形态功能作了深刻分析。他谴责通过在学校专用英语使英语标准化,坚持在他成立的学校社区中使用本国语言。

在教师的角色和身份上,甘地同样形成了自己的观点。他极力倡导教师必须通过实例向学生展示品格的培养,必须成为他们所教授的原则和价值观的典范。甘地认为精神的培养只能通过“精神的练习”。因此,教师的生活和性格必须是活生生的典范。他们应当像甘地一样彰显自律,并从“服务精神”中汲取灵感。在学校里,教师应该与学生分享日常生活,进行手工、烹饪和其他活动。对于他们的付出,可以支付维持生活的薪水。

由此,甘地向维护英政府对印度实行殖民统治的合法性和权力制度提出了挑战。他通过教育来批判殖民制度,伴随这些批判的是他脱离这种制度的种种努力,为自己的家庭和民族提供了不同的、解放性的教育形式。甘地的教育实验是其教育活动的核心。他并不是一个教育理论家,而是一名实用主义战略家,需要形成替代模式来支持其政治和社会目标。因此,甘地直接参与教育活动在他为人民争取自由的环境下是至关重要的。这些令人关注的教育努力,把甘地置身于玛利亚·蒙特梭利、道夫·斯坦纳和约翰·杜威等同时期其他教育创新者之列。甘地写到他“非常赞同蒙特梭利夫人的科学观点”(引自国家教师教育委员会,1998),但这些观点不适用于印度。然而,他的教育活动与同时代教育创新者的活动之间却有一些十分有趣的相似之处。

甘地的教育实验

甘地一生中总遇到各种各样的教育问题，让他有机会通过不同的方式实践其教育理念。后来，他说："我自己或通过其他人在孩子们身上实践我的教育'爱好'，现在已初现成效……但实验最终结果仍在未来的孕育之中。"(引自国家教师教育委员会，1998)

家庭教育

环境造就了甘地的个人教育活动。1896 年年底，他的两个儿子(一个 9 岁，一个 5 岁)来到南非找他。同行的还有一个年仅 10 岁的侄子，根本没有机会接受学校教育。甘地决定在家里对他们进行教育，一定程度上只是为了抵制那些为欧洲孩子开设的学校。虽然印度孩子一般被拒之门外，但甘地也可以通过他的社会关系让自己的孩子入学(费罗里驰，网络资源)，而甘地没有这么做。当时，印度孩子唯一的选择是专门开办的教会学校，以英语教学为主，且强制印度教孩子学习基督教。甘地再一次对这种侮辱性的教育形式提出抗议。

起初，甘地雇佣了一位英语家庭教师，按照他的吩咐工作，但发现非常不合适。于是，他承担起教育任务，他的儿子从没上过公立学校，后来长子离开去了一所印度高中。甘地后来评论说，让孩子像他自己一样接受学校教育或许对他们未来的职业有好处，但这关乎自尊和原则问题，应该拒绝损害印度人民的教育模式，探索倾向于能够给他们带来"自由和自尊"的模式。(引自国家教师教育委员会，1998)

甘地的儿子以及那些在南非的印度孩子无学可上的事实，激励着甘地形成了一些教育观点。在英期间读到的罗斯金、托尔斯泰和其他共产主义理想者的作品，以及印度传统修行教育的学习模式深深影响了他。他认为，正确的教育应当让孩子与父母多接触，并建基于实践活动之上。因此，他试图为孩子设计一系列教育实验，同时也不放弃自己的专业活动以及为印度人争取政治权利的运动。

他认为日常生活中那些至关重要的行为应该成为学习的实践活动。

其中一项就是学做面包,为此甘地在家里安装了一台笨重的小麦研磨机,让孩子们观摩从新鲜小麦到面包出炉的全过程,从而懂得“简单、健康和节俭”的道理。护理生病的家庭成员、处理家里的垃圾桶也是交给孩子们负责的两项任务。当然,甘地在这方面的观念与美国教育家杜威有相似之处,同样把重点放在实践教学之上。

甘地还计划进行有关历史、文学和世界事务的学习,准备在每天往返约翰内斯堡办公室的路上与孩子们探讨这些话题。然而,与同僚们探讨政治和竞选策略最终占据了这段行程,因此,事实上甘地很少有时间在家按照其设想为孩子提供教育。后来他写到,如果能有一些固定的时间来进行文学训练,那就足够了。但如果按照正常的教学效果来评判,甘地的家庭教育最终是失败的。然而为了更好地塑造孩子们的性格,甘地一直坚持不懈地努力着,对此他无怨无悔。

托尔斯泰农场学校

大约 6 万名生活在南非的印度人,同样遇到了甘地在教育孩子的过程中所面临的困难。而与甘地并肩作战、反对种族歧视的人仅有二三百人。他们赞同甘地的原则,为生存而与压迫努力抗争。1909 年,甘地因领导运动被捕,在狱中度过了一段时间。在那里,他研究托尔斯泰的著作,尤其是关于非暴力抵抗、宗教信仰和理想社会方面的作品。甘地曾拜访德班附近的一家特拉普派修道院,看到了理念社区拥有根深蒂固的理想所带来的种种益处。此外,运动的资金资源陷入危机,参与运动的成员很难挣钱养家。被驱逐出境、受警察监视以及遭受其他袭击等一直威胁着成员及其家庭。1910 年,甘地的亲密伙伴赫尔曼 · 卡伦巴赫(Herman Kallenbach)在约翰内斯堡外购买了大约一千亩土地。在他的资金和道德支持下,甘地建起了托尔斯泰农场。农场致力于保护运动中的家庭,为甘地不断发展的哲学提供精神和实践理想。农场如同一个社区,家庭与家庭之间劳动力、产品和价值观完全共享。全部人口约有 100 名成年人、20~30 个孩子。

农场人口流动并不稳定,甘地自封为社区“父亲”,但他不经常参加反英政府的和平斗争。本文只关注农场的教育活动，但学校是社区综合性活动的场所，除了知识教育，还通过承担责任、与教师和其他成年人共享等方式，让孩子们学习维护社区的必要技能，参与社区的福利事业和管理。

孩子们参与的活动包括烹饪、建筑、制鞋制衣以及整个素食社区的园艺、学校管理。后来甘地写道"他们以工作为乐"。

尽管甘地基本上是一名实用理想主义者，但他不是反知识分子者。他十分尊重知识和阅读，从阅读中学到了很多。农场以作家及思想家托尔斯泰的名字来命名，托尔斯泰的思想极大地鼓舞了甘地，让其受益匪浅。甘地每天都会抽出一部分时间学地理、印度历史、算术、写作、基础科学和英语。他鼓励阅读，但同时也认为与教师交谈、分享经验比书本学习更重要。

学校的各种活动以甘地所谓"心的文化"为核心目标，这是塑造性格的基础。在非暴力不合作主义中，甘地渴望自己和整个社区都应该具备的精神和道德品质，是托尔斯泰农场教育活动的基石。宗教课程包括印度教、伊斯兰教和基督教，采用讨论式教学法。在甘地看来，所有的宗教都是同一个神的回应。

印度非暴力不合作教育

随着印度政治运动发展势头的不断增强，甘地发起了抵制政府学校的运动，1919 年在阿默达巴德附近的帝星(Kochrab)静修院提出非暴力不合作主义。被迫离开农场之后，他们搬到萨巴尔马蒂河岸一个偏远的地方。萨巴尔马蒂修道院成为甘地及追随者的大本营，他的拥趸者中很多是从南非一直跟随而来。这个距一处英国监狱约 36 英亩的地方，成为甘地运动的发源地。在此期间，甘地在附近的监狱被关押 6 年。正是在那里，甘地完成了著名的自传《我体验真理的故事》。(甘地，1954)用一位评论员的话说，萨巴尔马蒂修道院的主要目标是：教育、真理(非暴力和爱)、禁欲、味觉控制(禁酒肉)、禁止偷盗、使用自制物品、克服恐惧以及根除贱民身份。(麦伟德 · 萨德那 Manav Sadhna，网络资源)这也是甘地毕生为之追求和倡导的活动目标。

修道院是一所寄宿学校，沿用印度教教育训练的传统。学生们与一名精神导师生活在一起，在他的指导下追求精神上自我实现的道路。甘地在其教育理念中采用这种模式，并列出 27 条提议。但他提到这种“或许有点独特”的教育观点“并未完全被同僚们接受”。（引自“印度教育实验”，国家教师教育委员会，1998）托尔斯泰农场实验的重点在于形成道德力量和道德目标，通过手工作业、性格和心灵成长、多样化的宗教途径达到这一效果。根据印度传统，甘地主张每个孩子都应该学习祖辈遗传下来的手工技艺，通过活动中的做工，为学校挣钱。他提倡学校必须与人们的实际生活联系起来，例如农民，这样他们就可以“掌控自己的生活”。（国家教师教育委员会，1998）这与英国政府强加给印度人的疏远的课本教育模式形成了鲜明对比。

学校制定规则，但不采取强制或惩罚措施，主要焦点在于识别和开发每个孩子的特殊资质。甘地倡导学习不应成为一种负担，而应该像玩乐一样轻松。

与之前相比，修道院设置了更多的结构型学习模式，同时，阶段性地引入书本学习，最后几年更多强调学术学习。为了满足争取印度独立的斗争要求，教学内容还突出古代和现代印度、数学、科学、植物学和地理学等知识。同样教授英语，希望学生们“至少能正确使用英语”（甘地，国家教师教育委员会，1998），但古吉拉特语和印地语是学校教育的主要语言。

和之前的教育活动一样，甘地坚持教师应该从为学校社区服务的精神中得到启发，高度自律，通过自己的“精神练习”进行体力劳动和精神模式训练。

修道院成就了甘地。一位现代评论家如此描述道：

> 1930 年 3 月 12 日，受到“内心声音”的感召，甘地与 79 名精选的追随者开始 240 英里的征程，以此反对英国强加的盐税。这是历史上著名的丹迪食盐长征，该事件让整个国家团结起来，并引发一系列后来让这个国家走向独立的事件。人们对甘地的

称呼不再是莫罕达斯，而是圣雄或“伟大的灵魂”。甘地曾说过，若印度不独立，他就永远不回萨巴尔马蒂。1947年8月15日，前景尽管很黯淡，但他的确看到了印度获得独立的那一天；而他却无法再回到萨巴尔马蒂，因为1948年1月30日，他被狂热的印度教徒维纳亚克·N.高德西（Vinayak N. Godse）刺杀。印度独立让这个民族分裂为两个国家：印度和巴基斯坦。正由于这个原因，甘地在8月15日这天没有举行任何庆祝活动，也正是由于他主张印度教和穆斯林教的统一才最终导致了生命的结束。（麦伟德·萨德那，网络资源）

甘地教育观点的复兴

通过对印度后殖民时期前几十年的观察，出生于印度家庭的特立尼达著名作家V.S.奈保尔（V.S.Naipaul）注意到甘地主义已经远离群众，被权力集团利用。1967年，奈保尔写道：

> 中央政府有一个部门专门负责编辑圣雄甘地作品全集；德里的电话目录上，还有一个以此命名的条目。但马德拉斯印度报3月份报道说，某地区90%的高中生除了知道甘地是一个为争取独立而战的好人外，其他的一无所知。（奈保尔，2002:27）

在文章中，奈保尔描述了在印度，甘地和其他人如何被大众神化，被顶礼膜拜上升到圣人的地步，以及这个世界如何将人们的思想简单化，剥夺人们理性分析自身条件的权力，阻碍他们自我制定目标和行动。他认为，这些依附和束缚造成每个人甚至整个社会变得慵懒、盲从、不思进取，从而失去创造未来的能力。

40年过去了，印度发生了奈保尔无法想象的改变。在当代印度，如何评价甘地？对此，众说纷纭，褒贬不一。

在最近出版的《圣雄甘地和他的斗争》一书中，约瑟夫·莱利维尔德

(Josegh Leyveld)认为，甘地的驱动力是其宗教禁欲主义。在当代印度，这是一种相当不受欢迎的生活方式。《纽约时报》对该书评论道：

> 几乎没有人比带头为独立而斗争的圣雄或“伟大的灵魂”莫罕达斯·卡拉姆昌德·甘地更加远离当代印度。甘地所挚爱的农村穷人只是断断续续地存在这个国家的意识中，如今人们关注的是呼叫中心、软件企业家和电影明星。在城市中，甘地关于为民服务、自我否定和共同提升的理念被咄咄逼人的民族主义、繁华喧嚣的消费文化所淹没。
>
> ……在这种背景下，约瑟夫·莱利维尔德所著的《伟大的灵魂：圣雄甘地和他的斗争》试图阐述一种社会和道德哲学的演变，而该哲学在英国统治结束后的60年里，已经被这个曾奉之为圭臬的国家无情地抛弃。于是，莱利维尔一书显得多少有些怪异、偏执。（昆兹鲁，2011）

还有一种可能，在姗姗来迟的经济发展和印度中产阶级不断壮大的刺激下，甘地的不占有价值观和节俭的生活方式已经被边缘化。然而，种种迹象表明他的教育遗产开始复兴。在他的时代，甘地的教育活动总是与政府教育背道而驰，在后殖民时期的几十年里仍然如此，60年后，有迹象表明国民政府开始将甘地的教育原则融入主流学校教育体系中。1998年，国家教师教育委员会出版一本关于甘地撰写和记录教育评论的优秀著作，随后国民教育研究和培训委员会对国民课程框架进行改革(2005)。

在这份改革文件的纲要中，委员会否定了为经济发展服务的考试主导型、竞争型教育模式，这种模式已成为印度发展期间的教育范本。委员会评论道：“学习已经成为孩子和父母的负担和压力，这证明了教育目标和教育质量扭曲的事实。”

委员会表示：为了让印度的教育体系更先进、更人性化，需要从国家宪法中寻求“指导”。甘地是宪法初稿的最早起草者，宪法虽历经各种变革但仍保留了甘地所提倡的一些核心价值观。根据宪法规定，委员会将印度定位为一个“建立在社会公正、平等基础上的非宗教的、平等多元的社会”。

这一定位成为规划新课程的平台，委员会主张广泛推行新教育方式。新方式融合了甘地一些主要教育理念，包括以下几大特点：

- 将知识与校外生活联系起来。
- 更注重实践学习。
- 确保改变死记硬背的学习方法。
- 丰富课程内容，超越课本。
- 让考试更加灵活，与课堂生活相结合。
- 注重对国家民主政权意识的培养，构建国家高于一切的认同意识。

国民课程框架内的和平教育

本文最令人感兴趣的或许是把和平教育作为社会科学课程的一部分，纳入国民课程框架体系，同时又和其他研究领域紧密相连。国民教育研究和培训委员会声称：“国民课程框架内的和平教育项目，显然是针对全球、国家和地方暴力不断上升的趋势以及对暴力偏好的现象。”（国民教育研究和培训委员会，2005）

委员会意识到和平教育对教育培训课程和学校学生的必要性。所采用的和平教育模式中，有些地方与甘地非暴力不合作主义教育观点非常契合：

- 重点发展德育。尽管新课程没有明确提倡非暴力，但目标是和平教育，其中包括“与自己、与他人、与自然和谐生活所需的价值观和技能”。这一目标以甘地的教育观为指导，对自然的尊重也符合他所强调的在校不伤害动物、保护自然的观点。

- 新课程对健康教育采取一种全面的方法，推荐在校练习传统的印度瑜伽，主张生理、社会、心理和情感方面的健康是不可分割的整体。

- 委员会指出，新的定位源于“坚信当前缺乏教育的四分之三人口是改革的推动力”。（国民教育研究和培训委员会，2005）这句话与甘地的立场一致，他也是为穷人以及被剥夺公民权的印度人奔走疾呼。

● 新教育方式旨在加强印度民主与正义。这一精神贯穿整个国民教育计划,同时也是甘地奋斗的目标之一。

印度教育的新课程框架似乎援引了甘地的教育目标和教育信念。这份改革文件是甘地理念的稀释版,虽然没有提倡非暴力不合作主义教育等激进观点,也没有要求学生承诺践行的方法和目标。但确实在很多方面,印度的主流教育正逐渐适应甘地的一些理念和方式,如重新强调在课堂上使用本国语言、强调手工劳作和实践活动作为"书本学习"的补充,当然最重要的是把这些作为"国民价值观框架"的重点。

印度重新审视、引用甘地的教育观点或许是为了平衡失控的重商主义。随着重商主义在全球经济中的发展,印度已深陷其中不能自拔。教育改革趋势是更广泛的社会改革趋势的一个侧面。如今社会上正在出现新的失衡:贫富差距不断扩大,很多受教育的年轻人享受不到经济繁荣带来的福利,社会改革趋势是对这些现象的积极反应。人权、政治和环境领域也出现了一些运动迹象,向猖獗的重商主义提出挑战。一位评论员报道说:

> 成千上万名印度年轻人加入甘地青年组织,或涌向甘地修行院的夏令营。青少年志愿者在贫民窟和贫穷的村庄工作。不只是甘地的形象,就连他所传授的原则和生活方式也再次风靡印度。(《创意》,2011年2月8日)

另一位评论员在本杂志发文指出"突然之间,在这个沉迷于物质财富和进步的印度,甘地成为一个另类的声音。"他还提到,150多个青年组织致力于继承甘地的事业,这些成员自称为"新甘地圣徒"。在这个充满暴力和物质欲望的世界里,他们提倡苦行和非暴力。

甘地的教育观点与当代和平教育

以上这些新现象让很多对印度和平教育感兴趣的教师和研究人员振奋不已。多年以来,印度同僚们致力于推动和平教育的广泛理解和甘地的价值观，这些进步可被视为争取和平教育运动的积极结果。

本文最后将讨论甘地教育观点对国际和平教育研究人员及教师的一些影响。在此，我的建议是，评估甘地的观点为充实和强化和平教育提供了机会，特别是为和平教育以更积极的方式推动社会变迁、以及国际文化面向世界和平文化转型提供了动力。

甘地的教育方式对当代和平教育的意义和价值主要体现在以下几方面：

(1) 道德意识是社会组织和社会变迁的指导力量。从前文对甘地和其教育重点的描述来看，这种纯粹的价值基于甘地对人类生活融合的理解，是和平教育发展成为一种理论和实践的核心观念。它是不杀生战略或非暴力方式的理论依据，体现为在工作、学习、饮食和社会关系等日常生活反对不公平的社会行为。它是宗教价值观以及由此衍生出来的教育的共同基础。如前文所示，与非暴力战略相比，这一概念是甘地非暴力不合作原则的基本。

此外，甘地还强调，这种道德意识高于个体价值观的实践。它指向反对压迫状态的政治行动和社会变迁，无论这种压迫是本地的还是更大范围的。甘地认为这是教育的主要目的，因而对现代和平教育者提出了挑战，首先他们自己要在实践中追求这种理想，同时作为教育者，还要在工作中成为积极分子。

(2) 非暴力方式的学习非常困难。甘地的教育模式反映了他自己的禁欲修行。在南非和印度的学校，甘地总结了学习经验，教师和学生通过实践从中学习自律、社区独立和毅力。艰苦条件、体力劳动以及为社区工作是甘地模式的主要内容。这种严格的精神训练是为了强化他的追随者的社会和政治行动，成为以学校为基础的道德培训之目标。

当代和平教育，包括上文所描述的印度模式——把重点放在价值观教育之上。无论是在发生冲突时、还是在冲突后的情境下，和平教育一直强调价值观教育的重要性。在世界各地的学校里，价值观教育作为一种策略来帮助解决校园冲突，无论是跨文化交流中的冲突、还是霸权行为下的冲突。

甘地向开展价值观和平教育的现代学校提供了指导。首先,学校整体环境和实践包括教师的承诺和性格,在这种教育形式中至关重要。它是一种全方位教育模式,为和平教育提供适当的学习环境。孩子们能很快识别出体制、教师和教育实践中的伪善。

其次,书本和模拟学习并不足以学会非暴力主义。如上所述,甘地淡化了书本学习的重要性,支持从实践经验中学习。在校学生通过自己的双手、自己的劳动制作实实在在的产品(如花园、建筑物和实用工艺品等)来学习。今天,以计算机为媒介的学习模式风靡学校,学生们的计算机技能在数字时代的教育中被摆在优先位置。和平教育者面临的一项新挑战便与这一进程有关,寻找途径把这些新技能与和平思维、非暴力不合作等行动的核心价值观联系起来。对于学校久坐式的学习模式,甘地也发起了挑战,主张让学生走出去,参加那些需要体力的学习活动。

(3) 宗教信仰和宽容的统一。宗教的基础是对某一个神的信仰。甘地一生中始终提倡不同宗教群体、文化和语言之间的宽容。在当前穆斯林和其他信仰分立的情况下,他的跨信仰多元文化主义日渐重要。印度教徒和穆斯林教徒的和谐是甘地毕生的最终追求,甚至为之付出生命的代价。和平教育者把甘地的原则引入当前促进不同信仰之间的理解和宽容的努力中,作为当今世上宗教冲突的解决方式,是非常适合的。世界各地近十年的悲剧表明,解决宗教冲突根源是国际社会面临的最大挑战之一。

(4) 教育必须致力于消除贫穷。甘地说,贫穷就是犯罪。这一主张对当时的经济不平等表示谴责,但适用于当今继续追求相对优势、提高生活标准的“滴入式”理论的全球资本主义结构。在印度,甘地否定根深蒂固的等级制度,社会最顶端的人享受财富,受压迫的人地位卑贱,天生处于社会最底层。当代全球经济下,经济和社会的巨大不平等给和平教育者带来巨大的挑战,他们把消除地区和国际贫穷作为首要任务,探索实现这一目标的途径,包括承认原住民等次级文化和社区其他群体的政治、社会和教育需求。甘地倾听国内被剥夺权利的农民的心声,感同身受,巨大的同情心和同一性驱使着他英勇斗争,正如他努力保持自己的生活和他们一样不讲究舒适、没有那么多特权。当然，他是名人，但他为了实现目标所做出的举动，反映了他相信受压迫的人们中蕴藏着的道德力量。甘地长期的绝食斗争将印度最贫穷的人们的经历变成反抗压迫的强大武器。

此外，甘地践行严格的个人非物质主义，在学校和教师中也坚持这种做法。他身体力行、严格律己，成为和平教育者及教育活动学习的典范。

在甘地看来，教育是一种道德行为，以人类生活的融合为诉求。因此，教育应该致力于平等的福利。在当前环境下，那些从事和平教育的人有责任通过自己的教育工作努力消除贫困。这是一项具有挑战性的任务，不仅因为责任重大，还因为制度上的障碍。譬如在大学里，对那些研究以其他方式消除贫困的研究人员几乎不提供支持。

（5）教育应该奉行众生平等。在殖民时期，几乎没有可供女孩选择的正规教育，女性也不得参与公众生活。甘地提倡女孩平等接受教育的重要性。尽管他主张提供与女性家庭角色相适应的教育，但他坚决维护女性受教育的权利。

同样，甘地强调应当让社会所有阶层、文化群体都享受到教育，使用本地语言教课。这预示了后来反殖民主义理论家的观点，以及后来发生的维护土著及其他次等社区受教育权的运动。

虽然本文主要探讨甘地的教育观点和活动，但在他更广阔的社会视角里有很多理念对21世纪的和平教育意义深远。例如，在英殖民政府如何维护一系列军事、法律、语言和制度结构来促进对印度的政治统治、经济剥削方面，甘地的批判性分析提供了专制模式的一个实例，复制了结构暴力的类似模式。在其他方面，甘地对技术的力量产生怀疑，例如，他认为大规模生产破坏了共有社会的利益。甘地自给自足的例子（如用纺出来的布做衣服、用研磨面粉做面包等）提供了教育性实践的模式，力图把孩子和成人从技术痴迷和依赖中解放出来。另一方面，和谐的生活以及对自然环境的维护在甘地的学校中也得到了实践，这是社区所有成员必须承担的道德和现实责任。

甘地的教育观点对和平教育者的挑战

在上一小节,我曾谈到甘地为争取印度自由的教育观点与当代和平教育相关的一些方式。本节将简要介绍甘地的教育观点带给和平教育工作者的挑战,以及他为我们提供的一些激进方式。

甘地的教育观点十分关注个人目标的实现,这为现代和平教育工作者设定了可行的追求标准。在非暴力不合作的精神和道德追求上,教育工作者能够(或应该)发挥多大程度的催化作用?在当代社会,由于教师的正式认证流程,和平教育工作者能否通过纪律、敬业、参加手工劳作、通过“精神的约束”关注性格培养来追求自我实现,以便引导年轻人通往追求真理的理想途径?所有这些都不是现代学校制度所要求的内容。

同样,当代和平教育工作者应当多大程度上去适应、调整其和平教育理想和规划,以便在大学中学的课程及研究项目中找到一个合法位置?甘地曾提醒教师关注这一问题。他总是不甘妥协,其教育活动表明了面对压力时他拒绝放弃原则。这是甘地非暴力不合作原则的基本特征;作为实践和目标,也是非暴力不合作的核心内容。它要求今天的和平教育工作者坚持非暴力不合作原则,将之作为所有和平教育项目的关键要素。和平教育涉及到学校教育的方方面面,由此在识别压迫人权和尊严的社会冲突和问题方面,和平教育工作者仍然是领导者,在解决这些问题上将通过非暴力行动作出示范。

最后也是最重要的,甘地的教育是服务于社会和政治行动,以非暴力不合作原则为基础。教师是学校的活跃力量,而不是员工。甘地学校里的教师实行自律、禁欲及其他社会目的的行动,这是印度人和印度的解放。甘地关于教育作用的观点及其主要践行者,对当代和平教育工作者如何在反对当代压迫、反对自由阻碍,创造基于和平文化的新世界的非暴力不合作斗争中充当领导者提出了挑战。这些阻碍可能是战争、政治压迫或暴力冲突,也可能是当下的社会问题如环境恶化、人类健康威胁(营养不良和肥胖等)、性别歧视和贫富不均。和平教育工作者通过“精神培养”而强大,致力于服务众生,在实践非暴力不合作教育中将通过实例引导学生。这就是甘地的教育观点和教育实践所带来的深远影响。

结　论

总之，认可甘地对和平教育的贡献，为肯定甘地在进行社会变革、创造更美好世界中所发挥的杰出作用又迈出了一步。承认这一点，就是维护甘地为全人类而奋斗的教育工作的真正意义，以及通过教育将甘地的遗产付诸实践的实际意义。那些重视其工作的实质、接受其观点的人及其研究，与当今越来越多地把甘地的名字商业化、在全球经济中日益成长的新兴“品牌印度”现象形成了强烈对比。

当然，也有迹象表明，当代有人把甘地作为印度全球化的象征重新树立形象。“甘地”品牌创造的经济价值，可以通过获取甘地少量私人物品（如吃饭的碗、眼镜、凉鞋和手表等）的价格进行衡量。2009 年 3 月纽约举行了一次拍卖会，预计以 3 万美元收槌，结果卖到 180 万美元，被一个富有的印度商人拍下。从而确定下一次交易的市场价格。

近期，全世界已经出现了一种新的潮流，为了纪念其地位，不惜重金打造甘地的雕像，以此代表“和平的印度人”。印度政府一直积极融资，在纽约、密尔沃基、贝尔格莱德、瑞士和伦敦等地推广这些雕像。2010 年，澳大利亚的印度学生遭到种族主义者袭击后，一个铸铁甘地半身像在新南威尔士大学落成。这座雕像被提名为多元文化主义象征，对凝聚受到袭击威胁的印度学生来说意义重大。这些雕像纯粹是为了满足“品牌印度”及其各种产品（包括圣雄）识别度的全球战略。

甘地已经被认定为娱乐行业的卖座节目。甘地的故事为音乐家菲利普的非暴力不合作歌剧提供了蓝本，于 2008 年在纽约大都会歌剧院演出。1982 年由理查德·阿滕伯勒执导的好莱坞传记电影《甘地》获得了商业成功,同时最近的印度电影也都离不开甘地的影子。其中一部是喜剧《黑道大哥再次出击》（2006），甘地作为一个推崇“宗教信仰”的幽默角色出现，运用非暴力不合作解决日常生活中的问题，由宝莱坞明星出演主要角色。这部电影获得大奖，相当卖座。

甘地形象的商业化、把甘地作为慈祥但又有些古怪的形象进行宣传，代表着古老价值观的扭曲化,淡化了甘地的一生和遗产中强大而富有远见的信息。在走向世界和平文化的运动前沿,把甘地主义原则和方法置于和平教育的中心,将在一定程度上重新赋予了甘地恰当的地位。

8　应对自然灾害和人为灾难

拉维·P.巴迪亚

关于自然灾害以及由于人类干预和环境开发所造成的人为灾难，我们并不陌生。在此，我们暂不涉及导致成千上万人被杀戮或流离失所的战争灾难和恐怖袭击。

自然灾害的种类多样，如龙卷风、飓风、火山爆发、地震和雷击等，给人类和其他物种带来不利影响，经常导致大规模的破坏和死亡。另一种较新形式的自然灾害——海啸也已出现，造成巨大范围的破坏。最近一次海啸发生在 2011 年 3 月 11 日，日本东北部，并引发一次严重的地震，造成了不可估量的损失。由于福岛核电站发生故障和温度过热，还导致致命的核辐射释放到环境之中。

2004 年 12 月，一次巨大海啸袭击斯里兰卡、泰国、印尼和印度东南部地区。据估计，仅泰国就有 5 000 多人丧生，总死亡人数超过 20 万。此外，还在这些地区造成毁灭性的破坏。2011 年，印度举行和平游行，在 1.2 万人丧生的沿海地带向死难者祭献鲜花纪念海啸爆发 7 周年。

2011 年 9 月 19 日，锡金邦（印度东北部）发生一场里氏 6.8 级的大地震，给本地区、周围邻邦以及尼泊尔、不丹等邻国造成巨大的损坏，死伤惨重。锡金大学官员甘托克对这次地震进行了惊心动魄的描述，第二天发表于《印度教徒报》。在此引用其中几句话："晚上 6 点 10 分，我突然感觉到地震。在这里居住，我们已经习惯了频繁的震感……但这次与平常地震不同，感觉像是一个搞破坏的孩子疯狂地摇晃着她的玩具屋，我们就像是里面无助的娃娃被抛来摔去。东西撞击地板砰砰作响，电断了，一片漆黑……”

在锡金,报道至少100人死亡。在邻近地区、尼泊尔和不丹等地也有几例死亡。

2011年11月21日,该地区又发生了一起里氏5.9级地震,同样感到震感的还有缅甸、孟加拉国。震中位于缅甸。地震学家认为缅甸是世界上第六大地震多发地带。1897年,该地区曾经历过最严重的一次地震,震级为里氏6.9级,造成1 500多人死亡。

2010年6月,在埃塞俄比亚附近的厄立特里亚,杜比(Dubbi)火山爆发,山灰冲入云霄高达13公里。人们被迫离开,却无处可去。悲剧和破坏就这样无法避免。

同年8月,飓风艾琳对美国东海岸包括纽约在内造成大面积破坏。贾斯汀·吉尔在《纽约时报》发表一篇相关报道,8月25日《印度快报》转载该文。文中吉尔提出一个重要问题:飓风的恶化是不是因为人们诱导的气候变化?一些科学家支持这种说法。这种飓风的数量及强度不断增加。而在普林斯顿,美国政府地球物理研究室的托马斯·克努森却不赞成这一说法。他说,从短期趋势来看似乎如此,但长期来看,这种趋势似乎并不是真的……

然而,还有其他科学家相信,自然灾害在一定程度上是因为自然和物质资源的过度开发。

人为气候变化

除了自然灾害,我们还熟知那些由于人类过度开发自然资源导致环境恶化所造成的灾难,如洪水、滑坡等。这些灾难可能有自然原因,但也不排除砍伐树木等破坏环境的人为因素。如今,现代人的生活方式尤其是发达国家往往大规模开发自然和物质资源,不仅对环境,而且对人类、动植物等所有形式的生命来说,已成为一个严重的问题。

大多数国家尤其是发展中国家遵循的发展模式,导致森林被砍伐、丘陵山脉变得裸露,采矿或其他项目导致海岸线遭到破坏。这些活动在一定程度上造成全球变暖、冰川融化、海平面上升。不可预测的气候条件引发洪水、降水过量或不足、山体滑坡等。

最近，为了保护以生物多样性著称的喜马拉雅山，2011 年 11 月，四国（印度、尼泊尔、不丹、孟加拉国）召开部长级会议。由于人为的气候变化，该地区正面临森林减少、土壤侵蚀、气候条件不均衡等问题，对其生态系统以及本地居民构成严重威胁。美国最伟大的自然瑰宝之一——科隆大峡谷也遭到一大波铀矿开采的毁坏。在阿格拉，著名的泰姬陵因空气污染和水污染受到极其严重的破坏。很多其他地区同样也面临这样的威胁。一项新研究表明，由于海洋污染，全世界的珊瑚礁可能面临着在本世纪末灭绝的危险。

约翰·维达尔在《卫报》发表了一篇报道，2011 年 6 月 15 日《印度教徒报》转载。维达尔指出 2010 年英国、法国、德国、澳大利亚、中国和美国出现了极端异常气候：昆士兰遭遇洪灾、中国南部和中部地区百年一遇的干旱、英国 6 月天气异常寒冷等。同年 4 月，墨西哥记录异常高温为 48.8℃，引发干旱和野火。2011 年 10 月—11 月，泰国包括首都曼谷经历了半个多世纪以来最严重的一次洪灾，500 多万人受灾，死亡无数、损失惨重。

这些都是自然气候灾害袭击地球的明显迹象。是因为人类的干预造成吗？无人能够断言，但很多人相信，至少在一定程度上人类要为这些事件负责。

众所周知，恒河从印度北部向东流去，它是数千万人的生命线，是印度古老文明的象征，但现在污染已经相当严重。最近，一些民间团体和非政府组织在总理官邸附近组织抗议活动，要求政府采取具体措施治理恒河污染。尽管印度政府和非政府组织为清理河流所做的努力令人满意、且十分必要，但关键问题是如何才能从一开始就阻止环境污染？需要采取哪些措施来避免污染、消除引发环境危机的因素？

政府间气候变化专门委员会（IPCC）等几个国际组织致力于保护环境，并为国家和组织实现这一目标提出建议。2007 年，政府间气候变化专门委员会和小阿尔伯特·阿诺德·戈尔共同被授予诺贝尔和平奖，“他们建立和传播了更多关于人为气候变化的知识，为采取措施应对这一变化奠定了基础，这是对他们所作出的努力进行表彰。”

我们面临的另一潜在威胁是海洋水位的不断上升。科学研究表明，1950—2009年，海平面以每年2毫米的速度上升，主要有两方面的因素：水温上升导致水热膨胀反应；全球变暖引发冰川和冰原融化。政府间气候变化专门委员会曾预测，21世纪海平面将上升18～50厘米。当然这一预测有很多不确定性。

幸运的是，一些科学家对此持相反的意见。最近在孟买召开的一次会议上，《印度教徒报》(2011年10月15日)报道说关于海平面上升的观点没有经过实验性证据的证明，纯属杞人忧天。他们指出观察到上升可能是季节性变化的缘故。还有一种观点认为，这些危言耸听的警告目的是为了让保险公司挣钱。一位评论家说道：关键是要意识到，气候恐慌是保险行业一棵巨大的摇钱树。如果人们相信将会出现气候变化和更多的极端天气，那么就会有更多的人购买财产保险。

修复环境的努力

有一些杂志正在研究如何修复环境的问题，并在民众和国家中传播缓解环境危机的知识。印度著名杂志《回到现实》不仅用通俗易懂的语言来讨论这些问题，而且突显了不同组织和个人维护和保护环境所作出的努力。2010年3月发行的上半月刊中，报道了(印度北部)北阿坎德邦村民和平抗议全国火电公司(NTPC)在附近的戈里河建设一个水力发电项目的计划。他们的抗议直指这个项目，因为将会破坏该地区大面积的林地。

80岁的甘地主义者、生态活动家桑德拉·巴胡古纳(Sunderlal Bahuguna)为保护印度北部山区的森林，发起著名的"抱树"运动(拥抱树木，反对砍伐)。1977—1980年，在印度北部库马山，他和妻子姆拉(Vimla)组织了几次大型的抱树运动(或抗议)。另外一位环保主义者昌迪·普拉萨德(Chandi Prasad)及其组织所作的努力不太为人熟知，但他们在1973年发起的抱树运动中发挥了至关重要的作用。著名印度作家R.C.古哈(R.C.Guha)(2007)写道：抱树运动是巴特(Bhatt)向曼达尔村民提出的建议。自从协调那些针对商品林的早期抗议活动开始，印度国家安全监察局(DGSM)就越来越关注环境修复。监察局主动组织妇女在阿拉卡南达峡谷的村庄进行植树造林，其植树和护林项目一直非常成功……

古哈曾高度赞美道：“抱树运动的两位领导人巴胡古纳和巴特是印度在世的最伟大的人物。甘地精神让他们深受鼓舞……”

强调和防止环境恶化与破坏还需要其他方面的努力，尤其是在教育领域。为了将这些课题引入中学和大学课程，已经作出了一些努力。2009年，美国学者莱斯利（Leslie）创建“生活质量：环境、水、食物和健康”的课题。在一些学术机构，这一课题已被引入到人类学中，同时该课题还与环境恶化息息相关。1987年印度最高法院裁定，印度的中学和大学必须开设一门环境科学课程。令人欣慰的是，我们的教育体系能够强调地球生命和环境的密切关系，以及维持两者的重要性。

兰扎·慕克赫帕沙亚（Ranjana Mukhopadyaya）教授在德里大学教授日本研究。最近，她作了一场关于“日本灾害管理”的报告，指出日本特别容易发生地震，最近一次地震发生在2010年3月，导致大规模死亡和破坏。她提到在应对自然灾害的措施中，学校学生都接受避震教育，以减少生命财产损失。2012年2月，德里政府进行一次演习，让人们认识足以摧毁这座城市的各种灾害，并学会采取紧急措施避免和降低损失。

为了最低限度开发环境，还需从更深层次上理解限制人的欲望、过简单生活。这显然是甘地通过简单节俭的生活方式、避免过度开发地球资源的理念。他认为这不仅是保护环境所需，而且能使至今依然存在的贫富差距和相互猜疑最小化，富人过度消费，而大量穷人和受剥削者甚至无法养活自己和孩子。为了强调这一点，甘地言简意赅地说：“人的需求可以得到满足，但人的贪婪却永远无法满足。”甘地对穷人表示极大的同情，只穿最少的衣服，日常生活中从不浪费任何东西，身体力行地履行这一原则。甘地还激励了许多人投身运动之中，其中包括上文提及的巴特和桑德拉·巴胡古纳。

深受到甘地鼓舞的还有玛德琳·斯莱德（Madeleine Slade）（一位英国海军上将的女儿），1925年，进入甘地非暴力不合作修行院后她改用印度名字米拉·贝恩（Mira Behn），后者更为出名。1949年，甘地被暗杀一年后，她谴责导致环境恶化的富裕的生活方式：“今天的悲剧是受过教育的、有钱阶层完全违背我们地球母亲、动植物生存至关重要的根本所致。开发大自然的计划完全是人们一旦有机会，就进行残酷的掠夺、开发和破坏。”

甘地对现代文明也进行批判——谴责贪得无厌的物质欲望。他写道(《青年印度报》，1927 年 6 月 2 日)：“现代文明的突出特征是欲望的无限制多重性，而早期文明却对这些欲望实行了命令式的限制和严格的管理……”

对尼赫鲁为国家发展制定的印度大规模工业化计划，甘地也毫不留情地进行批判。他指责道(《青年印度报》，1928 年 12 月 20 日)：

> 上帝不允许印度效仿西方走工业化道路。一个岛国的经济帝国主义今天让整个世界受到奴役。如果 3 亿人口的国家建立类似的经济剥削，将会像蝗虫一样席卷整个世界。

对此，同样忧心忡忡的 R.C.古哈(2007：15)也说道：

> 如果没有这两个国家(英国和美国)感兴趣的资源和市场来源，印度就不得不依赖于剥削自己的人民和环境。农村的自然资源已经渠道化，满足城市工业部门的需要。而精英们对森林和水资源的铺张浪费，加速了环境恶化进程，甚至已经剥夺了农村和部落社区传统的获取权和使用权……

英国学者、心灵导师麦克·乔治对甘地的立场进行了回应，他在一个周刊专栏写道“引起资源枯竭、气候混乱、生态系统崩溃和大气污染等环境问题的真正原因都被遗漏了，因为在这些问题上很少有深入的、有意义的心灵对话。”用他的话说，“所有善良的人们必须留心导致环境恶化、气候变化的资源过度开发这些问题。”

我们正面临着一个进退维谷的困境。我们需要发展和建设基础设施——道路、工厂、学校、医院，以此满足人们的合法需求和愿望：创造就业机会，提供教育、住房和医疗。所有这些都需要增加建设水力、热力和核能工厂所必用的能源需求，于是不得不开发地球自然资源，不可避免地对环境造成不利影响。

现在的困境是，我们是应该以牺牲人类需求为代价保护环境，还是应该建设新的基础设施、搅乱人们的生活方式来寻求快速发展？答案显而易见：我们要兼顾两者，必须遵循平衡调节，采取合适的发展模式。

在此有必要回顾一下历史，1983年12月，联合国倡议建立世界环境与发展委员会（WCED）以解决环境和自然资源恶化的问题。该委员会通常被称为布伦特兰委员会，以前挪威首相格罗·哈莱姆·布伦特兰担任主席而得名。

布伦特兰委员会1987年报告提到该如何看待可持续发展。它认为环境和发展是一个统一体，我们必须共同致力于“既能满足当前需要、又不损害子孙后代利益的发展”。

1987年牛津大学出版社出版整篇报告，题为《我们共同的未来》。

最近，2010年8月9日，联合国秘书长启动全球可持续性问题高级别小组，商讨在当前人类活动导致压力日益增加的情况下，制定一个全球可持续未来的新蓝图。2012年1月30日，小组在亚的斯亚贝巴网站[www.un.org/en/gsp(2012)]上发表报告《弹性的人类、弹性的星球：值得选择的未来》。其中一条重要的建议是：延续当前的发展道路将大大增加人类和地球面临的风险……我们必须遵循一种更加持续的发展道路，提高人类福祉、全球化的公正、性别平等，为后世子孙保护地球生命的供给系统。

值得欣慰的是，我们看到，不能以危害环境为代价的可持续发展问题正得到全世界范围的关注，也提出了许多可能的解决方案。然而，甘地简单生活、节制欲望的方法仍然与之相关、而且至关重要。

核灾难

除了其他自然灾害外，人类还可能面对可怕的核灾难。通常是核辐射泄露影响到附近的水体和所有生命——植物、动物和人类。2010年福岛核电站事件之前，已经发生过两起核电站事故。

1979年3月28日，美国宾夕法尼亚州的三里岛核电站发生一次事故。两个反应堆中，其中一个流入反应堆的冷却剂慢慢减少然后停止，温度上升，铀燃料棒开始液化，一部分被熔毁。幸运的是，没有人因为这次事故直接受伤。但是，反应堆中一些放射性辐射和水释放到环境和附近一条饮用水河流中。

另外一次核灾难发生于1986年4月26日，在乌克兰切尔诺贝利核电站。爆炸和火灾将大量放射性污染释放到空气中，散布到前苏联西部和欧洲大部分地区。科学家认为这次核事故和2011年3月福岛核灾难可并称为史上最严重的核电站事故。

控制污染、避免更大灾难的战斗最终将成千上万的工人和科学家卷入其中，高额花费、巨大代价甚至影响到了苏联经济。

2011年10月12日，日本核科学家安斋育郎(Ikuro Anzai)教授在京都发表主题演讲，谈到日本核能的发展以及40年来他本人对核能的批判和反对。他的演讲充满感情，提到了自己所面临的学术骚扰，以及在这段时间是如何生存下来的，“首先，我坚信要活得有尊严。其次，在科学领域和公共运动中团结、理解他人。第三，赢得同仁们的支持”。

安斋育郎教授先后三次到福岛灾区参观(2011年4月、5月和8月)，测量辐射水平和含有放射性物质(主要是铯-137元素)的土壤样本。他和助理发现灾区辐射水平非常高，附近土壤受到污染，人们尤其是年轻人深受其害。

据报道，同年10月国际原子能机构的专家抵达福岛市，协助日本科学家清除污染。他们还着手开始调查关于暴露在核辐射中导致儿童甲状腺异常的情况。

《纽约时报》发表一篇报道，同时刊登在2011年12月6日的《印度教徒报》上，田渊裕子(Hiroko Tabuchi)和马丁·法克勒(Martin Fackler)报道说，至少有45吨高放射性水从福岛核电站的净化设备中泄露出来，部分可能已经流入太平洋，对野生和海洋生物造成巨大的环境威胁。

福岛灾难后的各国反应不一，有时相互矛盾。德国爆发了有史以来最大的一次反核游行，要求德国“留意福岛”，停止国内核能源项目。因此，一些旧的核电站被暂时关闭，以评估其安全性。德国总理安吉拉·默克尔（Angela Merkel）宣布，德国将减少对核能的依赖，到 2022 年将关闭所有核电站。

另一方面，英美两国似乎并不过于担心福岛核事故。相反，他们认为既然福岛造成了"那些小小的"伤害，他们不会向德国学习，反而要继续推进核能源项目。用一位环保作家乔治·莫尼比特的话来说："我现在支持（核）技术。原子能经过了可能最严厉的测试，对人和地球的影响已经很小……"

总的来说，英国的感觉是"鉴于面临迫在眉睫的能源和气候危机，我们除了向前推进别无选择，只要我们吸取福岛的惨痛教训即可。"

印度南部的泰米尔纳德邦爆发了大规模抗议活动，反对调试库坦库拉姆核电厂。福岛核电站事故发生后，成千上万居住在附近的人抗议该核电厂。印度科学家申明福岛核电站与库坦库拉姆核电厂没有可比性，因为前者的反应堆属于第一代，而后者属于第三代，并且拥有最先进的反应堆技术和安全性。尽管印度政府和总理尽力安抚人民，保证这个核电厂"安全无害"，但抗议活动仍在继续。因此，电厂不得不得暂时关闭。

库坦库拉姆抗议之后，印度南部另外一个邦——安德拉邦的小和田附近也发生了类似反对核电站建设的事件，该核电站潜在电力约为 9 000 兆瓦。据科学家和政府发言人说，村民们不愿意从世世代代居住的家园搬走，但非常担心核事故会威胁到自身安全，尽管可能性很小。

在早期，大多数国家的人口比较少，更容易管理，人们一般居住在远离洪水、火山爆发、滑坡等自然灾害易发的地方。如今，由于可利用土地减少的压力，人们来到这些危险地区的附近，因此让他们自己及家庭、牲畜面临着潜在的威胁。人们甚至被迫居住在核设施附近，也正是这一原因。

矿　难

大多数矿难发生在开采矿产资源的过程中，例如煤矿。成千上万的矿工在这些事故中丧生。如今，多数死亡事件一般发生在发展中国家尤其是中国等。引起矿难的一些原因如下所示：

- 有毒气体泄露，如硫化氢或爆炸性天然气，特别是甲烷（寺泽 Terazawa et al, 1985）
- 地下使用爆炸品不当引起的粉尘爆炸
- 矿震
- 洪水
- 采矿设备故障（如安全灯具或电气设备）导致的一般机械错误。

早期的事故数量非常多。1906 年 3 月 10 日，法国北部约 1 100 名矿工死亡。1907 年 12 月西佛吉尼亚莫蒙加矿难被认为是美国历史上最严重的一次矿难事故，362 名工人在一次地下爆炸中丧生。

幸运的是，由于安全措施的完善以及采矿技术的提高，死亡人数已大为减少。但即便这样，很多国家的死亡人数仍在攀升。2006 年官方数字显示，4 749 名中国矿工丧生于上千起爆炸、洪水和其他原因引起的事故中。

1965 年 5 月 28 日，印度比哈尔邦丹巴德附近的丹巴德矿发生了一起最严重的矿难事故。爆炸引发矿山火灾，夺走了 375 名矿工的生命。

救 灾

灾难发生时，应该采取哪些恰当的救灾措施？如果采用正确的措施，将减轻灾难的潜在不利后果。

可以采取两种策略来避免或尽可能减少灾难的后遗症：一是预防，二是救灾工作。预防措施有助于完全避免潜在的危险，或者减少其不利影响。

日本是地震易发区，专门设计防震建筑结构，让建筑物吸收、化解地震冲击和地面运动产生的能量，而不会陷落或破碎。策略之二是采取适当的救灾措施，一旦发生灾难便可付诸实践。专门设计的建筑结构备足了充分的食物和饮水，还配备了紧急医疗护理。这样，受伤的人可以及时得到治疗或至少是急救。灾难发生后，会有特殊标志指示附近的居民前往这些应急建筑或帐篷。

许多亚洲国家如印度、巴基斯坦、尼泊尔、泰国等，经常遭受严重的洪水侵袭，导致大面积破坏。如前所述，泰国最近发生了一次大洪水，导致死伤无数、很多人无家可归。

2010 年 7 月至 8 月，巴基斯坦发生了一次异常凶猛的洪水，大约二千万人受灾，人类和牲畜生命受到损失，数百万人流离失所。此外，大面积农田被水淹没，谷物等农作物颗粒无收。一些学者对受灾地区展开了详细调研。2011 年 10 月 12 日在京都召开的亚太和平研究组织会议上，新井立志（Tatsushi Arai）教授提交了一份调查结果。

新井教授例举出灾民们所面临的困境：

1. 作物和家畜的损失直接导致食物短缺。

2. 缺乏重建家园和购买家畜的救济。

3. 获得和分配救灾物资的差异引起结构性短缺，导致紧张局势和冲突，因为有些人比其他人享有特权。

这些困境凸显了社会因素干扰灾区救援工作顺利进行的严峻现实。有钱有势的人享受特权待遇，导致社会弱势群体对他们所受的不平等待遇表示极度不满。这种冲突有时会引发暴力。

新井教授建议，任何应对灾害余波的策略都必须考虑救灾工作、长期发展和冲突预防等问题。

有趣的是，我们注意到救灾也含蓄地隐含在 1948 年联合国一致通过的《世界人权宣言》中。宣言第 28 条提到了一种让权利和自由得到充分实现的社会秩序。约瑟夫·郎卡（Joesph Wronka）（2008）写道：尽管没有明确规定救灾以及文化多样性、环境清洁安宁、发展等权利，但宣言第 28 条仍然表达了这样的信息。

结　论

本文探讨了一些自然灾害如龙卷风、飓风、火山爆发、地震、海啸，以及那些很大程度上是人为的自然灾害如洪水、滑坡、干旱、污染等。灾难爆发既有自然因素，但也源于人类对自然资源的不持续开发、采矿活动等，此外还是综合性全球变暖的结果。

除了上文提到的灾难外，文章谈论经常发生的事故，大型建筑或桥梁坍塌，或因世界很多地方发生的矿难而导致的死亡。核电厂也是一个危险的存在，制造恐惧、死亡和破坏。文章提及了最近在日本福岛核电站发生的核事故，其辐射泄漏不仅污染了周边环境，还引发对核电站安全性的广泛关注。

本文提出，我们需要转向一种不同的发展模式，通过简单生活、保护环境和不同生活方式，避免物质资源过度开发。对此，我们需要适当的教育体系，传授道德价值观，转变生活方式，摒弃消费主义，减少对地球自然资源的破坏。我们强调甘地简单的生活方式和精神生活，这不仅能维持环境的可持续性，而且缩小了贫富差距。文中所提到几位为维持和恢复环境不懈努力的践行者，正是受到了甘地的著作和简单真实的生活方式的启发。联合国也正在解决环境破坏的问题，并成立委员会和小组探讨可持续发展问题。

文章还考察了灾难发生时，如何开展救灾工作。救灾努力凸显了社会干扰因素，即便是面向受害者提供的救济，有权势的社会群体也能享受特权待遇。

9　幽默、见证和网络非暴力行动：对反抗暴政、种族暴力和仇恨的创新性非暴力战术之当前研究*

查瓦特·萨陀-阿南德、柬吉拉·萨巴布斯日、
朱拉瓦·达旺维泽桑姆、参猜·查苏科索尔

2012年1～3月，亚马逊网站关于非暴力的作品，一共有32本英文书问世。题目出现“非暴力”一词的只有八本，其中两本使用“非杀戮”一词——这是非暴力的另一表达形式，由全球非杀戮中心创始人格伦·D.佩奇所倡导的一个新兴概念。① 其他书籍主要内容包括：六本书与甘地有关；梭罗论述非暴力不合作的论文集；奥修的非暴力哲学——尽管这位大师从未使用过这一术语；关于创新性非暴力的维基百科文章集；探讨实现和平的方法，包括1995年《代顿和平协定》、分析美国民权运动和诺贝尔和平奖；还有暴力或非暴力抵抗的民族运动研究，重点关于巴勒斯坦民族运动。

对非暴力研究的贡献方面，六本书中最令人印象深刻的是最后一本——皮尔曼的广泛研究。通过研究一百年前的档案资料，对巴勒斯坦

* 本文是由高级研究学者主持的“泰国社会的非暴力和暴力”项目成果，由泰国研究基金资助。

① N.拉达克里希南（N. Radhakrishnan）等（合著）：《通往一个不杀生的世界：格伦·D.佩奇教授纪念文集》（*Towards a Nonkilling World: Festschrift in Honour of Prof. Glenn D. Paige*），特里凡得琅：甘地媒体中心，2012年。

和南非、北爱尔兰的运动进行比较,帕尔曼发现比较连贯的运动对非暴力行动更有利,比较分散的运动往往会产生带有权力结构的暴力,这种结构太脆弱无法防止暴力升级。①

我们相信,迫切需要这样的非暴力研究,对如何在这个充满极端冲突的世界加强和平变革、加强对在不同背景下进行非暴力行动的理解,可能都会产生积极意义。2011 年在京都召开的亚太和平研究组织会议上,我们三人提交了不同主题的研究成果:柬吉拉·萨巴布斯日的《不相容吗?幽默、非暴力以及幽默作为一种非暴力斗争载体的关系研究》;朱拉瓦·达旺维泽桑姆的《普通民众和政治冲突:泰国的和平见证》;以及参猜·查苏科索尔的《回应仇恨的网络非暴力》,均属于多层次研究项目"泰国社会的非暴力和暴力"的阶段性成果,该项目由泰国研究基金的高级研究学者查瓦特·萨陀-阿南德负责,为期三年。

尽管每篇论文采取不同的研究方式,但本文试图对三篇论文进行探讨。三篇论文都关注战术性非暴力行为的重要性,在涉及致命的或潜在致命的冲突中,战术性非暴力是至关重要的方法,可以防止升级为暴力事件。这些战术性非暴力方式利用幽默、和平见证以及网络非暴力行为。本文首先简要讨论战术性非暴力行为在非暴力斗争中的重要性。接着阐述应对独裁、种族暴力、网络仇恨时,如何使用幽默、和平见证和网络非暴力行为,同时探究这些行为对非暴力研究的贡献。最后简要讨论前沿非暴力研究的必要性。

战术性非暴力行动

根据吉恩·夏普(Gene Sharp)研究,非暴力行动可以理解为通过抗议、不合作和非肢体暴力干预的方式与冲突展开斗争。非暴力行动是通过人们做什么,而不是通过人们信仰什么来加以标识的。参加冲突的类

---

① 温迪·皮尔曼(Wendy Pearlman):《暴力、非暴力以及巴勒斯坦民族运动》(*Violence, Nonviolence, and the Palestinian National Movement*),剑桥大学出版社,2012 年。

型包括不作为和授权，以及两者的结合。① 二十年前，托马斯·韦伯和罗伯特·J.巴罗斯用两个连续统一体即实用主义—理想主义和战术—战略，将“非暴力”分为四大类。实用主义—理想主义统一体表明恪守非暴力承诺的本质，以及活动人士使用的冲突方式，尤其是目的到方式的分离/不可分离性以及对对手的态度。但本文重点在于战略—战术统一体。战略—战术统一体表明了分析的深度——冲突作为一个问题还是政策问题；终极目标——改变社会的政策还是结构（体系）；非暴力活动人士使用的操作时间框架——短期还是长期的改革。②

韦伯和巴罗斯认为，战术性非暴力行动的支持者“采取中短期运动，以便在现有的社会框架内实现一个特定的目标；他们的目标是改革。”③在一所和平大学用于和平和冲突研究的术语表中，战术被定义为“短期内制定的有限的、特定的行动。在冲突情况下，战术是指斗争双方遇到时采取的行动。如果指挥有效的话，可以通过战略了解战术的选择。”④举例来说，为抗议军事政权、争取民主而采取大规模示威游行，这是战略选择，

① 吉恩·夏普：《发动非暴力冲突：20 世纪的实践和 21 世纪的发展》(*Waging Nonviolent Struggle: 20th Century Practice and 21st Century Potential*)，波士顿：扩展事业书局，2005，第 547 页。与非暴力冲突相关的定义，还可参见吉恩·夏普：《夏普权力与斗争词典：冲突中的公民抵抗语言》(*Sharp's Dictionary of Power and Struggle: Language of Civil Resistance in Conflict*)，牛津：牛津大学出版社，2012 年。

② 托马斯·韦伯和罗伯特·J. 巴罗斯(Robert J. Burrowes)的“非暴力：导论”(“Nonviolence: An Introduction”)，载于《和平档案》(*Peace Dossier*)第 27 卷“维多利亚和平研究学会出版物”(“A Publication of the Victorian Association of Peace Studies”)，第 1～2 页。然而，需要指出的是，在罗伯特·巴罗斯(Robert Burrowes)的晚期作品中，两个轴心或连续统一体有些不同。它们分别是：原则性—实用性连续统一体和改革者—革命性连续统一体。参见罗伯特·J. 巴罗斯，《非暴力抵抗的战略：甘地式方法》(*The Strategy of Nonviolent Defense: A Gandhian Approach*)，纽约：纽约州立大学出版社，1996，第 98～101 页。

③ 韦伯和巴罗斯：“非暴力：导论”，第 2 页。

④ 克里斯多佛·E. 米勒(Christopher E. Miller)：《和平与冲突研究术语与概念表》(*Glossary of Terms and Concepts in Peace and Conflict Studies*)，玛丽·E. 金(Mary E. King)(著)，亚的斯亚贝巴：和平大学，非洲项目，2005，第 74 页。

但组织者或领导者决定采用沉默而庄严的方式而非狂暴的方式，这就是战术选择。逻辑上来说，战术是了解在遭遇对手时我方采取的方法和对抗，因此战术通常“服从战略”或者作为政策和战略的“下一级”。①

40 年前，阿林斯基(Alinsky)写了一本书，自称与马基雅维里的《君王论》齐名，指导穷人通过创建以夺取政权、将权力还给人民为目的的民众团体，从富人手中夺取政权。② 在讨论具体如何操作时，他把战术定义为“用你拥有的做你所能做的。战术是有意识的故意行为，人类通过战术相互依存、应对他们周围的世界。在给予和获取的世界，战术是一种关于如何给予和如何获取的艺术。”③与后来非暴力主义理论家强调的不同，对阿林斯基来说，战术不是出于谨慎、不热情的原因的产物，而是他们源自对别人的行为、需要和临时准备所作出的不可预测的突发性反应。后来分析逻辑学出现——这时一个人需要评价他/她的立场，思考风险以及面前的道路。④ 从这个意义上来说，战术是如此人性化，因为它们本身就是生命。问题是这些看似平常的人类行为是如何成为了反对不公平、改变世界的武器。

战术作为临时准备或认真分析的问题，或许可以从以下研究中得到解释。这些研究是关于人们如何使用非比寻常的战术在不同环境中参与各种冲突：利用幽默反抗巴尔干独裁政权，在泰国南部种族暴力的背景下运用和平见证，或利用网上非暴力行为反对网络仇恨。

---

① 皮特·阿克曼(Peter Ackerman)、克里斯多佛·克鲁格勒(Christopher Kruegler)：《战略性非暴力冲突：二十世纪人民力量的动力》(*Strategic Nonviolent Conflict: The Dynamics of People Power in the Twentieth Century*)，康涅狄格州韦斯特波特和伦敦：普雷格出版社，1997，第 47 页。

② 索尔·D. 阿林斯基(Saul D. Alinsky)：《激进主义者守则：现实主义激进主义者的实用初级读本》(*Rules for Radicals: A Pragmatic Primer for Realist Radicals*)，纽约：古典书局，1972，第 3 页。

③ 同上，第 126 页。

④ 同上，第 165 页。

用幽默反对独裁[①]

用幽默作为非暴力战术反抗独裁政权的最主要的例子是塞尔维亚抵抗运动，以斯洛博丹·米洛舍维奇政权的花言巧语为蓝本，故意在大街小巷上演滑稽表演，让塞尔维亚民众看到了该政权荒唐的宣传，最终引发政权合法性危机，导致2000年支持民主的运动取得成功。下面来看两个通过狂欢节和“共创力”把幽默作为非暴力战术反抗政权的例子：

（1）1996年11月选举舞弊之后，塞尔维亚民众的愤怒和不满日益增加。为了防止反对政权的武装起义升级，1996—1997年为期四个月的示威游行中，贝尔格莱德的抗议组织者有意为抗议者组织狂欢活动。嘉年华幽默表演展示了幽默在冲突中转换抗议形式的一个方面，即反转社会角色、违背社会规范（如东南亚大陆的水节或印度胡里节），[②]或者有时反抗政府对私人生活的控制，任由身体放纵（如人们毫无节制地吃、喝、发生性关系）。[③] 抗议

---

① 柬吉拉·萨巴布斯日的亚太和平研究协会会议论文以“使用幽默作为非暴力斗争的一种手段：塞尔维亚抗议和抵抗运动1996/7年案例，1996—2000”（“The Use of Humor as a Vehicle for Nonviolent Struggle: The Case of the 1996/7 Protests and Otpor, Serbia, 1996—2000”）为基础，后者是其在拉筹伯大学（La Trobe University）的博士论文，也是泰国研究基金会“泰国社会的非暴力和暴力”（Nonviolence and Violence in Thai Society）高级研究学者项目的一个子项目。

② 维多利亚·R.布里克（Victoria R. Bricker）：《恰帕斯高地的仪式幽默》（*Ritual Humor in Highland Chiapas*），奥斯汀：德克萨斯大学出版社，1973年；玛丽·道格拉斯（Mary Douglas）：“玩笑”，载于道格拉斯：《隐含的意义：人类学论文集》（*Implicit Meanings: Essays in Anthropology*），伦敦&波士顿：劳特利奇出版社，1984年，第90～114页；米哈伊尔·巴赫金（Mikhail Bakhtin）：《拉伯雷和他的世界》（*Rabelais and His World*），海伦·伊斯沃斯基译，布卢明顿：印第安那大学出版社，1990年，第197～277页；詹姆斯·C.斯科特（James C. Scott）：《统治与抵抗的艺术》（*Domination and the Arts of Resistance*），纽黑文&伦敦：耶鲁大学出版社，1990年，第178～182页；大卫·康佐（David Kunzle）：“世界颠倒了：欧洲大报式图像研究”（“World Upside Down: The Iconography of a European Broadsheet Type”），载于芭芭拉·A.巴布考克：《可逆的世界：艺术与社会中的符号倒置》（*The Reversible World: Symbolic Inversion in Art and Society*），伊萨卡：康奈尔大学出版社（Cornell University Press），1978年，第39～90页。

③ 巴赫金：《拉伯雷和他的世界》（*Rabelais and His World*），第296～436页。

组织者鼓励人们向官方建筑物扔鸡蛋，而不是向官员扔伤害性物品。抗议者之前使用的乏味而愤怒的口号被诙谐的口号代替。抗议者们天天出现在播出的国家新闻节目中，像是翻身得解放一般喜气洋洋地敲打着锅碗瓢盆。他们还用音乐表演和街头讽刺剧取代政客们无聊的演讲，组织一些"公民事件"，如在绿色交通灯亮时，集体上蹿下跳，反对法律，抗议交通堵塞。

狂欢抗议在警察拉起警戒线与和示威者为期 8 天的对峙中达到了顶峰。整个充满愤懑、紧张的对峙场面，变成贝尔格莱德有史以来最热闹的一次街头派对，派对的主题是"蓝带动感舞会"，还配备了一套高级音响设备。狂欢宣布开始。整整 178 个小时里，参加派对的人们多达 3 000 人，伴随着英国朋克摇滚乐混合着传统的巴尔干半岛歌曲翩翩起舞。音乐声震耳欲聋，"城里那些以学生顾客为主的夜总会通通关了门，因为都无法与蓝带动感舞会竞争"。①

---

① 德扬·斯雷特诺维奇(Dejan Sretenovias)："噪声"(Noise)，载于达尔卡·拉多萨夫列维奇(Darka Radosavljeviae)：《塞尔维亚抗议：现场经历》(*Gradanski Protest U Srbiji: Setnja U Mestu/Civil Protest in Serbia: Walking on the Spot*)，贝尔格莱德：B 92，1997 年，第 86～94 页；伊凡·普拉维迪奇(Ivan Pravdiae)："学生表现：可能的分析或大众剧场的指导原则：从失败走向理想世界"("Student Performances: Guidelines for Possible Analyses or Theatre of the Masses: Walking from Failureville to Never-Never Land")，载于《现场经历》(*Setnja U Mestu/Walking on the Spot*)，第 37～42 页；米拉那·普洛赛-得瓦尼斯(Mirjana Prosiae-Dvornise)："天翻地覆的日子重现：贝尔格莱德和塞尔维亚的学生和民众抗议，1996/1997"(The Topsy Turvy Days Were There Again: Student and Civil Protest in Belgrade and Serbia, 1996/1997)，《东欧人类学评论》(*Anthropology of East Europe Review*)，1998 年，scholarworks. iu. edu/journals/index. php/aeer/article/ viewFile/691/784(2010 年 9 月 21 日访问)；斯瑞坦·沃维尔(Sreten Voyuviae)："抗议作为一种城市现象"("Protest as an Urban Phenomenon")，载于姆拉登·拉奇克(Mladen Lazias)(编)：《贝尔格莱德中的抗议》(*Protest in Belgrade*)布达佩斯：中欧大学出版社，1999 年，第 203 页；米勒那·德拉吉-赛西亚(Milena Dragieeviae-Sesiae)："96/97 公民社会和民众抗议的图像研究和口号"("The Iconography and Slogans of Civil Society and Civil Protest 96/97")，载于纳迪亚·斯科德瓦斯(Nadia Skenderovias)：《转型国家的公民社会》(*Civil Society in the Countries in Transition*)，塞尔维亚苏博蒂察：地方民主机构和苏博蒂察开放大学，1999 年，第 527～40 页；史蒂夫·詹森(Stef Jansen)："受害者、受迫害者和反抗者：塞尔维亚抗议中抵抗的话语实践"("Victims, Underdogs and Rebels: Discursive Practices of Resistances in Serbian Protest")，《人类学批判》(*Critique of Anthropology*)20 (2000)：49；米勒那·德拉吉-赛西亚："街道作为政治空间：贝尔格莱德的游行抗议、涂鸦和学生狂欢化"，("The Street as Political Space: Walking as Protest, Graffiti, and the Student Carnivalization of Belgrade")，《新戏剧季刊》(New Theatre Quarterly)17 (2001)：74～86。

舞会的一大亮点是“大学校花选拔赛”，这是由学生们组织、支持反对派的报纸《民主党》协办，选出最优秀的女性抗议者。① 紧接着是“警察先生选拔赛”，选出反抗者眼中最受欢迎的警察。② 尽管有冲突和警察镇压的迹象，但对峙最终没有发生流血事件。抗议活动的学生领袖将此归功于狂欢活动把街头示威的情绪转换成了快乐的形式。③

（2）为“改变捐献第纳尔”行动提供了一个范例，即讽刺幽默如何在社团主导下发挥作用：下级利用他们在庞大的统治体制中所拥有的处理权，削弱体制的力量。④ 该行动于1999年秋启动，回应政府颁布的农业新政策“为播种捐献第纳尔”。该政策要求身陷贫困的塞尔维亚人捐助第纳尔（塞尔维亚货币）来改进农业。为了与政策名称押韵，抵抗运动积极分子宣布一项并行的政策“为改变捐献第纳尔”。⑤ 在国家剧院前、克涅兹伊洛夫（Knez Mihailova）街道口，他们摆着一个空汽油桶，上面粘着被靶子符号包围的斯洛博丹·米洛舍维奇肖像。桶边放着一根棍子，旁边有张说明：“如果你往桶里放一个第纳尔，就可以用这根棍子敲打米洛舍维

---

① 玛丽娜·布拉戈耶维奇（Marina Blagojeviae），“从性别视角看游行”（“The Walks in a Gender Perspective”），载于姆拉登·拉奇克（Mladen Laziae）：《贝尔格莱德中的抗议：令人不愉快的冬天》（*Protest in Belgrade: Winter of Discontent*），中欧大学出版社，1999年，第121页。

② 对米兰·米卢蒂诺维奇（Milan Milutinoviae）的访谈，贝尔格莱德，2010年10月6日；詹森（Jansen）：“受害者、受迫害者和反抗者：塞尔维亚抗议中抵抗的话语实践”，第398页。为警察投票表决的方式也相当滑稽。警察识别号变成了每位警察的投票号。为了进行投票，学生们和其他参与抗议的人需要看一下警察“皮带”，然后再纸上记下号码。

③ 2010年10月8日对艾德米尔·安蒂尔（Eedomir Antiae）的访谈；2010年11月1日对伊凡·马洛维奇（Ivan Maroviae）的采访；2010年10月6日对米兰·米卢蒂诺维奇（Milan Milutinoviae）的采访；2010年11月，15日对佩诺·吉拉尔（Pero Jli）的访谈。贝尔格莱德。

④ 约翰·菲斯克（John Fiske）：《理解大众文化》（*Understanding Popular Culture*），伦敦和纽约：劳特利奇出版社，1989，第15～19页。

⑤ 在塞尔维亚语中，*setva* 意为播种，*smena* 意为改变、剔除和净化。这两个词押韵。所以，活动分子为了自己的行动扭曲了政权政策的题目，这种扭曲最终讽刺了该政策。

奇的肖像。"[①]接着:"如果因为米洛舍维奇让你没有硬币,那么就使劲敲这个桶吧。"[②]这一行动不仅为塞尔维亚人提供一个向当权者政策发泄不满的渠道,而且将政策的荒唐显露无疑。行动取得了成功,达到了宣传的效果。活动者们没有公然攻击政治宣传,而是利用它为自己服务,揭露其本质而转化为自己的优势。

从这些例子中,我们认为,幽默可被视为一种有效的非暴力战术。这里使用的狂欢幽默和"共创力"概念,证明幽默通过立足于统治者的花言巧语从根本颠覆统治。幽默把这些言论变得荒谬,使言论声称的"真理"变得毫无价值。这是幽默的"解构主义"力量,有利于强大的非暴力抵抗。此外,将狂欢活动融入抗议的保留节目中,能够在散发欢乐情绪的同时,通过"另一个世界形象"制造和平的街头抗议氛围。快乐的街头抗议可以改变最初促使人们走上街头的愤怒和怨恨。因此,这种战术性非暴力将有助于大大减少抗议演变为暴力骚乱的可能性。换言之,抵抗活动的实例展示了幽默能够促进反抗独裁的非暴力冲突,而不会导致可能引发暴力的充满仇恨或憎恨的对立。

用和平见证反对极端种族冲突

"和平见证志愿者组织"于 2007 年在泰国成立,正值泰国南部极端冲突颇为激烈的时期,如 2004 年曾爆发过严重的冲突。一百多年前,最南部的三个地区——北大年、也拉、那拉提瓦被强行并入新成立的泰国,而这些地区 80% 的人口是马来穆斯林。自那以来,经济掠夺、不公平、治理混乱、毒品和犯罪扩散等一系列因素,导致泰国军方和几乎隐形的叛乱分子组织之间爆发旷日持久的极端冲突。截至本文成稿,叛乱组织已经杀

① 2010 年 11 月 13 日对米尔佳・约万诺维奇(Miljia Jovanovias)的采访。

② 2010 年 9 月 19 日对斯尼萨・希克曼(Sinisa Sikman)的采访。

害了大约 5 000 人。[①]

2006 年 11 月到 2007 年 6 月，举行了 60 多次针对不同问题的抗议集会，比如抗议逮捕被认为是无辜的当地人，或者杀害当地伊玛目（宗教领袖）造成当地马来穆斯林和泰国政府对立。这些抗议活动导致政府官员和当地马来穆斯林之间关系更加紧张。最初，和平见证志愿者组织是由马希隆大学和平研究所资助的非政府组织，选择那些有相关经历的人们讲述故事，从他们的视角与泰国大众分享那些抗议经历。主要活动包括收集相关资料和拍照。和平见证志愿者的挑选条件以他们对非暴力的信仰为基础，接受培训以便不携带武器出现在政府官员和当地民众中。他们相信一句古老谚语："战争中，第一个倒下的是真理。"如果没有"真理"，冲突就可能升级为暴力。为了阻止暴力，该组织相信他们可以作为"第三方"，通过关注可能升级的冲突，从而帮助缓解潜在的极端冲突，牵制即将爆发的权力斗争。[②] 更重要的是，他们觉得因为他们作为见证人的存在，政府官员不敢对抗议者使用暴力。然而 2007 年后，泰国军方认为抗议活动受到叛乱分子的教唆，决定镇压所有抗议活动，导致抗议数量减少。于是，和平见证志愿者组织不得不调整其活动，从亲临干预双方的对峙转为看望暴力袭击后的受害者。

由于当地人和政府官员之间缺乏信任，南方的种族暴力愈演愈烈。因此，只有少数人自愿做见证人。有趣的是，我们注意到如果志愿者不是马来穆斯林，他们就需要具有一定沟通技能和文化敏感度，以便与当地人顺利地交流。另一方面，如果他们是马来穆斯林，尽管在文化上具备优势，但仍经常面临一个更加复杂的问题，那就是保持中立。一些当地的和

---

① 参见查瓦特·萨陀-阿南德：《想象中的世界：解决泰国南部暴力问题》（*Imagined Land: Solving Southern Violence in Thailand*），东京外国语大学亚非语言文化研究所，2009 年。关于泰国南部暴力的最新资料，可以从 www.deepsouthwatch.org 获得。

② 威廉·L. 尤里（William L. Ury）：《第三方：为什么会有争执及如何停止》（*The Third Side: Why We Fight and How We Can Stop*），企鹅出版社，2000，第 169～71 页。

平见证志愿者曾经是国家暴力的受害人，或自己的亲戚被当局杀害或受伤。在真正的冲突环境中，抗议的村民是一方，政府安全部队是另一方，因此，作为和平见证人，他们发现很难保持中立。当看到自己的亲戚朋友或邻居面对官员时，他们站到了抗议者一边。因此，除了两个人之外，他们最终都决定离开和平见证组织。当撰写本文时，情况依然如此。

和平见证是无党派团体的一种非暴力干预方式。据吉恩·夏普所称，非暴力干预是一种通过故意干涉，无论是心理的、身体的、社会的、还是政治的，来积极扰乱政策或制度正常实施的方法。① 夏普还指出，与非暴力抗议和不合作相比，非暴力干预的某些方法可以给对手带来更多直接的、立竿见影的挑战，可能因此产生更多的快速变化。但这些方法通常对于对手来说更难抵御，同时对抵抗者而言更难以维持，因为与其他非暴力方式相比，使用这些方法可能将招致更严重的压迫。② 非暴力活动家和学者、海湾和平组织成员罗伯特·J.巴罗斯(Robert J. Burrowes)认为，非暴力干预会造成这样的政治混乱，原因之一在于，除了物质干预外，干预的本质和/或位置具有象征性意义，经过精确选择使正常实施有效。他还认为非暴力干预、尤其是跨越国界的非暴力干预，应当由基层激进分子实施，来停止或防止暴力或促进社会改变。③

鉴于巴以冲突，瑞格比（Rigby）④建议非暴力干预可以根据地理位置、风格和行动目标进行分类。

1. 根据地理位置，可分为现场干预和非现场干预。现场干预指活动

---

① 吉恩·夏普：《发动非暴力冲突》(*Waging Nonviolent Struggl*)，第 42 页。

② 同上，第 62 页。

③ 罗伯特·J. 巴罗斯（Robert J. Burrowes）："跨境非暴力干预：类型学"(Cross-Border Nonviolent Intervention: A Typology)，载于耶书瓦·莫泽-普旺苏万(Yeshua Moser-Puangsuwan）和托马斯·韦伯：《跨境非暴力干预：回复视觉》(*Nonviolent Intervention Across Borders: A Recurrent Vision*)，夏威夷：斯帕克·松永和平研究所，2000，第 45～69 页。

④ 安德鲁·瑞格比，"非官方非暴力干预：以巴以冲突为例"("Unofficial Nonviolent Intervention: Examples from the Israeli-Palestinian Conflict")，《和平研究杂志》(*Journal of Peace Research*)，第 32 卷第 4 期(1995 年 11 月)，第 453～467 页。

者出现在冲突区域。非现场干预指参与干预的活动者不在冲突区域出现而做出的努力。

2. 根据干预风格，分为非暴力直接行动和其他传统政治行动。举例来说，在一个民主社会，一个非政府组织在一次抗议中的非暴力干预可能会被接受、并认为是正常的。但在一个长期备受关注的冲突状态下，如巴勒斯坦、西藏或泰国南部被占领的领土，相同的行为可能被劝阻和（或）禁止，因此就被视为非传统的非暴力行为。

3. 根据行动目标，可分为短期干预和长期干预。短期干预旨在减少暴力的出现，而长期干预则针对诸如军国主义和战争等冲突的深层原因寻求解决方式。当然，任何行动既可以包括短期干预，也可以包括长期干预。

需指出的是，非暴力依赖于人数的力量，而非暴力干预尤其是和平见证，则主要取决于纪律和活动家坚定不移的态度。根据瑞格比的分类法，泰国南部暴力的和平见证属于现场干预，其短期目标是在极端种族暴力的背景下制止直接暴力。在这种情况下，冲突双方接受和平见证者作为“第三方”的程度取决于他们的存在如何被感知，见证如何被看到。在“存在”和“亲眼目睹”之间确实有意义深远的关系。当一个人是目击者时，存在是至关重要的，因为一个人从不会只看到一件事情，而总会注意周边与他相关的东西。在这个意义上，和平见证是传递一个人的所见所闻——通常为自己找到防止暴力的方法而感到有价值，尽管试图保持中立，但这是在极端种族冲突中，为争取和平而做出的艰难而相当必要的努力。

用网络非暴力行动对抗仇恨

在互联网时代，不同的人们在网络空间中连结在一起，生产消费者（信息的消费者，同时也是生产者）表达自己的观点、分享链接，并在交流社区内创建自己的信息世界。需提及的是，这些社区有共同的目标，积极参加和分享成员的资源。但生产消费者之间仍避免不了发生各种各样的冲突。[①] 尽管网络空间的大部分讨论是合理谨慎、考虑周到的，但这些成员形形色色，不同种族、不同性别，不同宗教信仰和(或)政治倾向，还有性格粗鲁者、淫秽者、狭隘者、可恶者。根据《2010 年仇恨目录报告》，与仇视言论有关的网络内容约达 170 页。[②] 例如，风暴前线(stormfront.org)是白人至上主义者中最突出的仇恨言论网站。

在泰国，黄衫军和红衫军运动分别支持两个强大的民众政党。由于他们之间高度两极分化的政治冲突，[③]网上的仇恨言论十分猖獗。Facebook 上的敌意评论满天飞，如“哈！……不要以为你是从天堂而来，只不过是刚从地狱的深渊中爬上来。”“红水牛，最好去柬埔寨……那是你爸的老家，从泰国滚出去！”对于泰国人来说，水牛是一种隐喻，意为愚蠢。这里提到柬埔寨，因为红衫军运动的偶像他信·西那瓦总理(在 2006 年 9 月 19 日政变中被推翻)，当时是柬埔寨首相洪森的特别顾问。

面对今天政治敌对在互联网上的传播，或者采取暴力手段反抗仇恨言论，或者加强法律监管和审查制度。但这些措施要么本身就是暴力——如果他们煽动其他人去伤害仇恨言论散布者；要么就是依靠暴力——利用严格的法律来限制言论自由等。为了应对仇恨言论，需要选择创造性的、超越审查的民主方式。我们认为，非暴力研究有必要找出应对这种“网络暴力”的措施，譬如可以使用“电子公民抗议”来对付网络空间的仇怨情绪。

“电子公民抗议”来源于电子干扰剧场(EDT)，后者是由墨西哥恰帕斯州萨帕塔主义运动内部一群创意人士设想出来的。1998 年 1 月 29 日，

---

① 迈克尔·斯特林洛夫(Michael Stringlove)，“YouTube 之战：政治、宗教和武装冲突”(“The YouTube Wars: Politics, Religion, and Armed Conflict”)，《看 YouTube》，多伦多：多伦多大学出版社，2010。

② 雷蒙德·A. 富兰克林(编)：《仇恨目录》(*The Hate Directory*)。马里兰州伍德斯托克，邮编：21163－0121，邮政信箱 121。(2010)2010 年 7 月 1 日检索自 http://www.hatedirectory.com。

③ 有关这个复杂问题的分析，可参见约翰·芬斯顿(John Funston)：《有关他信的分歧：泰国政变和有问题的过渡》(*Divided Over Thaksin: Thailand's Coup and Problematic Transition*)，新加坡：东南亚研究所，2009。

电子干扰剧场号召全球互联网用户行动起来,反对墨西哥政府进一步加深与北美自由贸易协定联系的决定,因为这一全球化关系会逐步让墨西哥穷人变得更加贫困。电子干扰剧场贴出代表新自由主义的五个部门网址,让全球用户点击一个“虚拟静坐”的图标,向这些网站潮水般地发送请求指令,致使网站服务器瘫痪。①

这项技术在其他案例中也得到运用,如1999年11月反对西雅图世贸峰会,一群名为电子嬉皮士的人们发起这个符号化的网络行动。有40万不同的IP(因特网协议)用户加入“虚拟静坐”,60万点击量让世贸组织的网站瞬间瘫痪。②

尽管“电子公民抗议”最初并不是为了应对敌视和仇恨言论,但我们认为它可以用作对仇恨言论的非暴力反映。例如,电子公民抗议可以用来反对甚至可能摧毁对方充满怨恨的网站。对抗仇恨言论的网络,也可能采取在线游戏的形式。例如,为了应对这些令人生厌的团体,微软设计了一个在线游戏“使命召唤4”。全球大约200万玩家加入游戏,通过耳机发泄愤恚和针对犹太人、亚洲人和西班牙人等的种族主义言论。③

比较网络非暴力行为和传统非暴力行为,可以说在公开打破法规方面、网络使用者做好准备接受其结果方面,电子公民抗议与传统的非暴力行为具有相同的哲学理念。然而,传统的非暴力抵抗是在物理空间进行,网络非暴力抵抗是在网上操作,这一点不言而喻。传统的非暴力抵抗要

---

① 格雷厄姆·米克尔(Graham Meikle):“电子非暴力反抗和符号权力”,载于阿斯娜·卡拉吉阿尼(Athina Karatzogianni):《网络冲突和全球政治》(*Cyber Conflict and Global Politics*),伦敦和纽约:劳特利奇出版社,2009年,第177～187页;T.乔丹(T. Jordan)和P. A.泰勒(P. A. Taylor):“大规模黑客行动主义:反对全球化以及不良技术的重要性”(“Mass Action Hacktivism: Anti-globalisation and the Importance of Bad Technology”),载于《黑客行动主义:反抗是有原因的吗?》(*Hacktivism and Cyberwars: Rebels with a Cause?*),劳特利奇出版社,2004年,第67～89页。

② http://www.fraw.org.uk/projects/electrohippies/overview.shtml

③ 尼古拉·K.格拉尼奥斯(Nicholas K. Geraniols):“仇恨言论侵蚀网络游戏”(“Hate Speech Corrodes Online Games”),美联社,2010年4月15日。http://www.msnbc.msn.com/id/36572021/

求肉体上不服从于权力，但电子公民抗议则很大程度上依赖于黑客的网络技术和知识，创建一个系统或应用程序，让世界各地的参与者加入进来。有趣的是，我们会看到非暴力抵抗哲学和黑客知识的结合起来，反对主导网站在网络空间穿梭传播仇恨。

然而，诸如电子公民抗议等网络非暴力行动在反对仇恨言论方面到底效果如何？诚然，网络非暴力行动并不直接解决仇恨的根本，[①]因为这种模式的目的既不是消除仇恨的根源，也不是减灭它的影响。但通过枪决或监禁来应对仇恨言论，也不会消除敌视的根源。网络非暴力行动反而是在没有暴力或审查的情况下一个可行的替代方法。

根据巴罗斯对非暴力的分类，需认清一个简单的事实，即电子公民抗议等网络非暴力抵抗行为均属于战术。事实上，网络空间的大多数非暴力行动都是在战术层面进行操作。这主要因为网络空间环境永远不会取代其他更物质性或文化性的空间。在最理想的状态下，网络空间行动只是作为一种新的空间来补充或引导那些结构或文化空间的行动。但它的重要性在于，目前如果不考虑网络空间，其他媒介空间则不可能形成一个反对仇恨的行动领域。在网络空间，极端敌对言论十分活跃，因此，非暴力行动的直接对抗电子形式是非常必要的。在这种情况下，找到应对网络仇视的创新性方法，可能比努力消除仇恨言论的行为更迫切、更关键，这意味着要设法破坏让仇恨继续合法化的深层次文化。如果继续让网络仇恨言论肆意泛滥，对其负面影响听之任之，那么仇恨将会发展到一定程度，或许更难以阻止这些冲突进一步滑向暴力。从这个意义上说，不受管制的仇恨言论将会使极端冲突更加棘手。这是理解网络非暴力行动如何作为一种战术有助于社会战略性转型的重要性所在，在这种社会里，仇恨将不再被人接受。

---

① 关于这一点，我们感谢新井立志教授于 2011 年 11 月东京 APPRA 会议上对参猜论文的评论。

结论:创新性战术性非暴力行动和未来研究

尽管对战术性和战略性非暴力行动的区别已论述不少,但大多数人仍倾向把非暴力战术的重要性归入非暴力战略。① 伊恩·阿塔克(Iain Atack)最近声称这种划分在实践中非常武断,因为在非暴力运动事件中,经常同时存在既狭隘又宽泛的结构性变革目的。非暴力运动通常包括不同群体的联盟,他们各有目标,有的颇狭隘、有的却很宽泛。以甘地的食盐游行及其利用食盐税反映帝国主义腐败为例,阿塔克指出,围绕一个特定问题的战术性非暴力行动完全可以与更大的目标相结合。②

基于上文讨论,我们认为,可以在更大的战略目标内,有意识地采取一些战术性非暴力行动,而其他的则可以只关注范围较小的目标。在抵抗行动中将幽默作为非暴力行动来使用便是例证,把特定的战术与反抗独裁政权这一更大的非暴力战略连接起来。但另一方面,泰国南部的和平见证,常常是在防止出现在见证人眼前的冲突转化为暴力的前提下进行。在马来穆斯林村庄,针对如何把一个被政府枪杀的人的尸体运到墓地的问题,居民和军方之间发生了争吵。如果不是通过和平见证人在场进行非暴力干预,就极易演变成暴力事件。他们的目标不是结束旷日持久的极端冲突(尽管这可能是很多人的愿望),而是对当地马来穆斯林和政府之间可能的暴力进行立即干预。他们成功的干预会对双方互动的方式做出贡献。此外,从长远战略角度来看,通过和平见证成功阻止暴力的案例很可能会对极端种族冲突的和平解决有所裨益。网络非暴力行动也具有同样的效果。的确,应对仇恨言论或推行反对网络仇恨的在线游戏,

① 阿克曼(Ackerman)和克鲁格勒(Kruegler):《战略性非暴力冲突》(*Strategic Nonviolent Conflict*)。

② 伊恩·阿塔克(Iain Atack):"关于变革性非暴力的一些思考"("Some Reflections on Transformative Nonviolence"),出自卢克·雷希勒(Luc Reychler)、朱莉安娜·芬克·德卡德(Julianne Funk Deckard)和凯文·H. R. 维拉努埃瓦(Kevin H. R. Villanueva)(合著):《建设可持续未来:为和平与发展立法》(*Building Sustainable Futures: Enacting Peace and Development*),毕尔巴鄂:德乌斯托大学,2009,第 239 页。

不会终结基于种族主义、反同性恋或沙文主义的仇恨，但会纠正那种以为在网络上可以任意发泄仇恨的错误认识，同时还能减少现实世界中仇恨犯罪的传播与刺激。因此，可以说战术性非暴力行动在对抗目前暴力不断的结构方面至关重要。研究战术性非暴力行动的知识，对那些有志于平息暴力浪潮的人们来说越来越息息相关。

如果关注一下备受瞩目的非暴力冲突方面的最新著作，里面提供了非常详尽的案例研究，并试图传达一种信息，即非暴力行为切实影响着全世界的政治变化，更重要的是要理解所采取的通过深刻分析当地动态来工作的方式。① 还有一些研究成果也很重要，演示了如何进行非暴力行动。通过定量研究表明，在处理政治冲突方面，选择非暴力比使用暴力更为有效。②

“泰国社会的非暴力和暴力”研究项目中的非暴力研究成果与这些研究有所不同，主要关注于理论运用、活动人士的角色及活动背景方面，或者是考察当代研究较少的地区。

2005年布莱恩·马丁(Brian martin)发表了一篇关于非暴力研究未来走向的文章，相当有预见性。他预计未来的非暴力研究将会“更多”。除了更多的案例研究和先进理论外，还应该拓展新的研究领域，如技术的作用、行动的缺失与存在、包括网络空间在内的新行动领域等。③

---

① 亚当·罗伯茨(Adam Roberts)、提莫西·贾顿·艾什(Timothy Garton Ash)：《公民抗争和权力政治：从甘地到现在的非暴力行动的经验》(*Civil Resistance and Power Politics: The Experience of Non-violent Action from Gandhi to the Present*)，牛津大学出版社，2009年。还可参见柬吉拉·萨巴布斯日关于本书的评论，载于《全球变化、和平与安全》(*Global Change, Peace and Security*)，第22卷第2期(2010)。

② 埃里卡·切诺韦思(Erica Chenoweth)、玛丽亚·J.斯蒂芬(Maria J. Stephan)：《为何民主反抗会成功：非暴力冲突的战略逻辑》(*Why Civil Resistance Works: The Strategic Logic of Nonviolent Conflict*)，哥伦比亚大学出版社，2011年。

③ 布莱恩·马丁(Brian martin)：“研究非暴力行为：过去的主题和未来的可能性”(“Researching Nonviolent Action: Past Themes and Future Possibilities”)，《和平与改变》(*Peace and Change*)，第30卷第2期(2005年4月)，第247～271页。

我们认为,本文介绍的研究成果明显体现了马丁指明的发展方向。使用幽默作为非暴力战术,在研究幽默与非暴力行动关系领域中提出了新的挑战。和平见证侧重于使用身体干预紧急冲突,将第三方的研究和极端种族冲突联系一起。网络非暴力行动进入网络空间,寻找化解仇恨的创新方式如开发在线游戏。但必须指出,幽默、和平见证和网络非暴力行动绝对不是单打独斗,而通常与其他行动结合起来,无论是战术性的、还是战略性的。事实上,这些是创新性的战术性非暴力行动,人们用来对抗独裁,阻止民族冲突进一步恶化成暴力;应对网络盛行的仇恨言论,而非诉诸审查。

关于如何对抗现代暴政,已故的瓦茨拉夫·哈维尔(Vaclav Havel)提出一些小小的反抗行为,例如,拒绝在蔬菜水果店的橱窗里放置政党标语、不参与选举投票、写抗议信、参加或组织受禁音乐的音乐会。这些拒绝"过欺骗人的生活"的个人或组织行为,可以打破一个基于意识形态谎言的体制,并最终可能导致一个看似整体结构的权力的蜕变。对哈维尔而言,这些"生活在真实中"的小行为既是道德的、也是政治的承诺。[①] 对非暴力研究者来说,我们认为哈维尔所提出"小动作"显然属于战术性非暴力行为。

这些"小动作"或许非常强大,因为在他们心里,幽默作为非暴力抗议、和平见证作为非暴力干预、电子抵抗或在线游戏作为非暴力战术,都是效果最佳的非暴力行为,因为它们让普通百姓走出绝望,开始创造性行动,最终有助于形成一个暴力递减的世界。

---

① 瓦茨拉夫·哈维尔(Vaclav Havel)等:《无权者的权力》(*The Power of the Powerless*),哈钦森出版社,1985。

第四部分

亚太冲突转型

10 斯里兰卡从战争到和平的过渡途径：国民幸福指数的概念性定性回顾

赛森·塞尔瓦拉贾

本文重点探讨斯里兰卡战后重建、恢复与和解进程中国民幸福指数情况（即国民幸福指数回顾）。在此，暂不作深入回顾，更多的是基于国民幸福指数（GNH）原则的定性综述。

国民幸福指数是对生活质量的定义，更关注于整体和心理方面，而非国民生产总值。如廷礼解释道："……不可否认，与物质发展衡量的是对增强身体健康方面的贡献。心理状态或许比身体健康更重要，不应只注重物质条件。"（Thinley 廷礼，2005）据此，国民幸福指数对"生活标准"和"生活质量"同样重视，"富裕"是实现前者的关键，而"幸福"是实现后者的关键。

最近关于非洲为政治、社会和经济实力而奋斗的研究，揭示了人们有意识参与支配他们生活的决定。研究结果表明，幸福感是可以追求与获得的。（麦克特和康达斯 Melkote and Kandath，2001：195）战争的主要后果是"失去幸福"，因此幸福缺失在冲突后/战后环境中引发暴力和危机的可能性更大。这一逻辑是研究冲突后/战后重建、恢复和和解进程中国民幸福指数的依据。那就是，冲突后/战后社会中国民幸福指数的应用比其他社会更为重要。

本文试图解释这种相关性，把国民幸福指数的概念整合到冲突后重建等式的潜在优势。基于此，本文将国民幸福指数原理作为概念性标准，回顾斯里兰卡的战后重建、恢复与和解过程。

冲突后重建概念的模糊性

显然，关于从战争到和平转换的理论和实践知识仍处于起步阶段。世界银行和国际社会形成的冲突后范式缺乏理论和实践工具进行干预。旧范式概念可能弊大于利。

根据世界银行的定义，冲突后重建是一个过程，“通过重建社会经济框架，支持受影响国家从冲突到和平的过渡。”（世界银行，1998：24）切鲁（Cheru）解释道，冲突后重建为一个国家达到可持续发展阶段提供良好的基础。冲突后重建并不仅指现实心理基础的重构，还包括重建一个社会的所有计划——政治、社会、军事和经济等，并试图解决冲突的根源。（切鲁，2002：210）

高级制度研究学院（SAIS）给出一个定义，冲突后重建被视为一个过程，促进持久和平的建立，通过和解、制度构建和政治、经济转型解决冲突的根源和影响，以此避免暴力再次发生。（高级制度研究学院，2006）

富裕和幸福的结合

从以上定义可见，任何冲突后重建模型都以“富裕”和“幸福”为核心，这是持久和平发展的基础。然而，富裕和幸福是一枚硬币的两面，彼此不可分割。因此，如果在重建过程中失去幸福，那么，创造富裕的任何努力都注定是失败的。

经济增长通常被视为经济繁荣的必要条件，事实上，也是衡量繁荣的一个主要因素。繁荣表现为成功、欣欣向荣或蒸蒸日上，尤其是在经济方面。（肯沃西 Kenworthy，2001）反之，繁荣理论与生活标准理论相关。

生活标准是指“根据个人、团体或国家所能获得的商品、服务和奢侈品来衡量的物质享受水平”。（《韦氏词典》在线词典）费思·M.威廉姆（Faith M.William）斯将之定义为“一种消费理想或标准”，或许可以被描述为“一定数量和质量的商品和服务”。（柯特姆和马库斯 Cottam and Mangus，1942：177）

正是在这种经济概念的背景下，冲突后重建活动打上了创造“和平经济”的印记，增加了(生活标准的)繁荣的概念。(科利尔等人 Collier et al, 2003:13)虽然，冲突后重建是一个包括安全、政治过渡、社会经济发展、人权、资源调用在内的整体计划(非洲发展新伙伴计划秘书处，2005:IV－V)，世界银行和其他机构形成的冲突后模式缺乏清晰的创造“幸福”之战略。

人人都想要幸福，不希望痛苦。受苦是战争的结果，而幸福是和平的福音。这表明人们的“幸福感”在任何冲突横行的社会都是持久和平的前提条件。幸福不能纯粹以生活标准理论的物质、发展和经济方面来衡量，但所有这些方面都应该与拥有更高生活质量的心理满意度小心地保持平衡。

人人都渴望幸福，希望拥有更高的生活质量。因此，为了提高生活标准而推动经济发展的同时，平衡经济发展与心理、情感，甚至精神福祉则尤为重要。需要强调的是，任何社会的真正发展应该在富裕和幸福之间进行衡量。由此，所有冲突后/战后重建的长期目标和终极目标，都应该与创造(生活标准)富裕和(生活质量)幸福的战略并行。

可见，尽管生活标准和生活质量是两个不同的理论，但两者有许多重叠的地方。例如，对伊丽莎白·埃利斯·霍伊特(Elizabeth Ellis Hoyt)来说，生活标准“不仅仅是消费的物质……也不是物品的总数，而是满意度的总和”。根据托马斯·D.埃利奥特(Thomas D. Elliot)的观点，生活标准是指“实际收入在所得商品、服务和利益方面的实际分配。在其他关系中，它指的是一套习惯性估值、坚持特定商品、服务和利益的态度。”(柯特姆和马库斯，1942:177)

很明显，以上定义包含了生活质量的各个方面。这也许是为什么班尼特(Bennett)会说：“生活标准是一个复杂、难以捉摸的概念。对统计师们而言，如果将之视为人类满足感或乐趣的人均量，那或许是最模糊、最难处理的概念。”(库尔西奥 Curcio，2005:3)

正是基于生活标准概念的模糊性，我们都接受了世界银行等组织关于冲突后/战后重建的原则和概念。这也是为什么冲突后/战后重建的定义包括生活标准和生活质量两方面，如安全、社会经济发展、人权、政治过渡等。然而，正如前文所提，这些定义缺乏清晰独特的策略，来创造更高的生活标准和生活质量，因此缺乏测量这些独特目标的特殊公式。

基于此，有必要形成独特而完整的冲突后/战后重建策略，实现更高的生活标准、更好的生活质量，来创造持久和平。该策略将促使研究人员创建特有的测量公式，衡量冲突后社会生活标准和生活质量的水平，以便监控、评价和评估冲突后/战后重建计划的影响，达到最好效果。

问题的关键是，可以通过国民幸福指数的概念来创造这种策略。下面试图解释国民幸福指数在战后重建过程中的相关性，及将之整合到战后重建概念中的预期成本。

国民幸福指数的相关性

国民幸福指数（GNH）是不丹国王吉格梅·辛格·王·查克（Jigme Singye Wang Chunk）在1972年引进的概念。按照廷礼的解释，国民幸福指数“基于一种理念，即可持续发展应该朝着民族进步的方向采取全面综合的方法，对幸福感的经济和非经济方面一视同仁，从而创造一个社会，人们的共同幸福是最终期盼的结果”。（廷礼，2005）显然，国民幸福指数的概念建立在已经强调的两大重点：生活标准和生活质量。

这就是国民幸福指数在冲突后/战后重建进程中开始发挥作用的地方，正如前文所解释的，这是一个建立在生活标准和生活质量基础上的概念。

因此，国民幸福指数的应用对冲突后社会来说，比对其他社会更重要，因为战争的主要后果之一是“幸福的缺失”，幸福缺失在冲突后的环境中更有能触发冲突。正是在这种联系下，我们可以把国民幸福指数原则整合到冲突后重建计划之中，从而创造相当必要的、独特而整合的策略，实现更高的生活标准、更好的生活质量，创造持久和平。

另一方面，把国民幸福指数概念融入到冲突后重建的理念，有助于创建一种衡量机制，来评估生活质量（幸福）、指导实际政策和规划。

当前，一个国家或社会的发展是用1990年联合国提出的人类发展指数（HDI）进行衡量。该指数包括出生时预期寿命、成人识字率和人均国内生产总值(GDP)。(投资百科知识 Investopediya,2001)目前,国内生产总值是唯一衡量生产标准的通用指标,也是最佳指标。因此,即使是在冲突后环境中,除了使用国内生产总值来衡量重建和发展的水平之外,别无其他选择。

然而,国内生产总值不是一个衡量冲突后社会生活标准的特定的、合适的标准尺度,因为它通常指财富、物质产品和服务(教育、卫生等)水平,而这些都是定量变量,因此无法估测幸福的水平和进展、或评估生活质量。

如果任何一种冲突后/战后重建计划的衡量机制必须是有效的、以结果为导向的,那么它们应该能够测量富裕和幸福两个方面的水平。同时,它们应该具体化,能适应战后环境,以正确的方向指引政策和计划。

不丹研究中心已经成功地设计出国民幸福指数指标,把国民幸福指数哲学转化到一个测量机制中。(不丹研究中心和阿尔凯尔等人,2008:3-4)这一测量机制可以帮助开发一个指数系统,测量冲突后/战后社会的"幸福"发展水平,从而引导冲突后国民幸福指数综合重建计划的实践应用。

若要详细解释不丹研究中心形成的国民幸福指数,已超出本文研究范围。但如果简要介绍这一方法论内在的原则和思想,还是可行的。因此,首先大致回顾一下。

国民幸福指数的概念最初分为四个主要部分:促进可持续的公平的社会经济发展、保护和促进文化发展、保护自然环境以及建立政府善治。随后,这四大部分被不丹研究中心分为九个维度,组成国民幸福指数的指标,即:心理健康、时间使用、社会活力、文化、健康、教育、环境多样性、生活标准和管治。(引处同上)

接下来,本文继续研究当前战后重建以及在社会政治和经济环境下,斯里兰卡政府重建活动的定性方面,探索他们是否有潜力通过一次过渡带来一个公平的、可持续的和解。

正如本文一开始强调的,这不是一个深入的回顾,也不考虑不丹研究中心(CBS)形成的国民幸福指数指标,而是一个概念性的定性回顾。

战后斯里兰卡的过渡活动

首先需要指明的是，过渡和战后重建并非同一问题。战后重建是过渡进程中最大的一个方面。斯里兰卡过渡阶段面临的主要挑战是僧伽罗人和泰米尔人的权力纷争，是否让后殖民地僧伽罗州加入邦联/联邦国家。斯里兰卡政府视之为管理问题，而泰米尔人认为事关权力转让。

战后冲突清楚地表明，斯里兰卡政府和泰米尔人在解决冲突时采取了不同立场和方式。政府是通过管理方式来达到权力分享，认为通过战后重建来改善北部和东部地区人们的生活标准可以化解两个种族之间的冲突。而应当指出的是，政府不会为了这些目标全心全意地、适时适地承担这样的战后重建工作。尽管过去几年里战争耗资数十亿美元，但政府却不愿意把钱花在战后重建事务上。事实上，政府一直从国际社会和泰米尔侨民中为冲突后的重建寻求资金援助。

此外，政府已拨款 19 亿美元用于今年的国防支出，数额超过了往年。往年开支分别是：2007 年 14 亿、2008 年 15 亿、2009 年 16 亿。（斯里兰卡财政与计划部）国防支出逐年增加，甚至在内战结束后也是如此。战争结束两年后，政府花钱承担了一些恢复与重建工作，但基本不值一提。

一些基础设施得到改善，如高速路、公路、娱乐设施、政府办公楼等，但这些不能被视为真正的改善。有些建筑如房屋、学校、寺庙和商店等在战时遭到破坏，政府视而不见，未采取重建措施。总统曾提到，人们不得不自己修建受损的资产。政府甚至不允许非营利组织自行进行恢复和重建活动。（泰米尔网，2010）事实上，政府迫切希望促使僧伽罗州殖民化、在北部和东部地区建造佛教寺庙。

过去两年里，政府在北部和东部不同地区实行了很大程度的僧伽罗殖民化，以发展为名承担了战后重建计划中多数项目，来促进和加强这一进程，主要目标在于改变由军方接管的北部和东部地区人口。为了建设军营，政府根据“土地掠夺政策”强行取得了数百英亩属于泰米尔人的土地。（BBC 僧伽罗频道，2010）

政府缺乏善治

在泰米尔地区进行的寥寥几个重建和发展计划，与泰米尔人的参与度及期望值毫无关联。相反，这些活动是在军方的直接控制下进行的。北部和东部的民政部门也受军方严格控制，退休军官被任命为各州州长便是明证。这个地区一直是军事重地，对人们正常生活的影响一直让人深感不安。这种军事存在容易让人们想起战时的记忆和创伤，对泰米尔民众寻求自我发展的努力带来负面影响。

从某种意义上说，在北部和东部地区保持大量专门备战的军事人员，只会对普通人的生活产生消极影响。士兵们无法正常与家人团聚，容易焦躁不安，从而刺激他们进行非法和反社会活动。不得不提的是，该地区近来亵渎希腊诸鬼神的事件就可以归咎于军队。（《地面观察》Groundviews，2011）

因此，军事存在及其对民政的控制必定会给民族和解进程造成阻碍。勿庸置疑，应该把大部分军队撤出北部和东部地区。然而撤出后，也不能将之安置在斯里兰卡南部，因为他们有可能参与一些非法活动。在南方很多军队的逃兵被指控谋杀、强奸、抢劫等罪行。（卡依拿尼和维克马斯卡拉 Kaviratne and Wickremasekera，2010）因此，唯一的解决办法是遣散过多的军队，放他们回归正常的生活，这反而有助于减少国防开支，对战后和解带来积极影响。然而，到目前为止仍然未见这种积极迹象，政府似乎也渴望在北部和东部长期驻军，不断地宣传军队负责该地区的发展事宜，说服人们相信军事存在的必要性。

此外，政府认为，在北部和东部地区保持军事部署，防止泰米尔伊拉姆猛虎解放组织未来复出，这是至关重要的。（BBC 僧伽罗频道，2010）然而，总统、部长和某些军官则多次说："泰米尔伊拉姆猛虎解放组织已被安全部队完全摧毁，在这个国家完全不存在任何死灰复燃的可能"。（《印度快报》，2009）政府在该地区长期驻军的真正意图，显示它在创建持久和平及真正和解方面口是心非。政府的军事态度在宣布 2012 年预算时清晰可见，预算提出，为三分之一斯里兰卡警员的孩子出生拨款 10 万卢比（其中99%是僧伽罗人)。2011年预算中,已经为军队士兵提供了类似拨款(99%是僧伽罗人)。(哈维兰德 Haviland,2011)

即使是重建工作也没有真正进行。猛虎解放组织数千名领导人仍被关押在治疗中心,当中有很多人根据预防恐怖主义法案(PTA)已被关押多年。根据1971年来间断实施的紧急状态法,政府拘留了上千名猛虎解放组织嫌疑人,但关押了一年也没有进行审判。2011年9月政府取消紧急状态法后,又援引预防恐怖主义法案继续执行紧急状态。(威廉穆拿 Weliamuna,2011,BBC新闻,2011)

对心理健康的负面影响

少数被改造的猛虎解放组织领导人被释放后,继续受到监视和骚扰。(《地面观察》,2012)战争结束后不久,政府就颁布一个命令,在泰米尔学校及正式仪式上,要用僧伽罗语唱国歌。尽管遭到泰米尔政治家和民间团体领袖的强烈反对,但政府依旧非常严格地执行这项命令。(《每日镜报》,2011)所有一切表明,政府并无诚意通过战后重建来创建和谐条件,争取持久和平。这些活动明显对泰米尔人的心理健康产生了负面影响。

心理健康是人们对生活的评价。迪纳解释道,"这种评价有两种形式:认知和反应。认知是以对生活的评价为基础的信息,即一个人对个人生活的整体满意度给予有意识的评价。反应是受情感和感情引导的享乐评价,如人们反映在生活中的感受快乐或不快乐情绪的频率。"(不丹研究中心)

上文提到的报复和羞辱行为可能会影响评价的反应部分,造成负面情绪波动,进而对认知造成消极影响。认知以对个人生活的整体评价为基础,并最终以对社会感觉的整体评价为基础。这里强调的心理健康是幸福的主要来源。因此,假如失去心理健康,那么也就失去幸福。没有幸福感的社会是痛苦和冲突的根源。20世纪50～60年代斯里兰卡泰米尔人的遭遇便是如此,最终导致70年代的武装冲突。

斯里兰卡独立后,首届政府制定《公民法案》,剥夺了山区印裔泰米尔人的公民权，让绝大多数人没有国籍。（斯瓦拉格森 Sivapragasam，2009：69）1956 年出台《独尊僧伽罗语法案》，导致斯里兰卡政治和社会濒临瓦解。1957 年，政府以类似的方式出台立法，将僧伽罗中“sri”几个字母印在国内所有交通工具牌照上，并强制泰米尔人把僧伽罗字母印上牌照。1948 年独立后，政府在东部推行大规模的僧伽罗语殖民计划，拜蒂克洛（Batticaloa）的那鲁瓦（Galoya）、亭可马里（Trincomalee）的阿拉伊（Allai）和卡高朗（Kathalai）都以发展为借口被殖民地化了。（克拉伦斯 Clarance，2002）

所有这些行为旨在让泰米尔人丧失体面、接受屈辱，这严重破坏了泰米尔社会的心理健康，因此引发 20 世纪 70 年代的武装冲突。有偶无独，还有很多战后计划如出一辙，带来了更大的风险。通过制造羞辱感和侮辱感，对泰米尔人的心理健康肆意践踏，从而助长了暴力，让种族冲突变得更加复杂。

反之，这些所谓的战后重建和发展进程既不会提高生活标准（富裕），也不会提升生活质量（幸福）。然而，一些乐观因素如没有战争、泰米尔华侨和非政府组织给予的援助等有助于提高泰米尔人的生活标准。然而，人们的生活标准仍然很低，尤其是那些生活在万尼和拜蒂克洛农村地区的人们，整个东北地区的人们都生活在不幸福之中。

国际危机组织（ICG）在最新报告中反映了斯里兰卡东北部的基本现实。该报告指出“斯里兰卡北部省份军事化的深化、政府负责任治理的缺失阻止了正常生活的回归，预示未来的暴力。冲突中最惨烈的场景莫过于此，北部泰米尔多数派仍处于事实上的军事占领之下，科伦坡的僧伽罗官员制定所有的重要政策。僧伽罗定居者向北部缓慢推移、以及政府支持的其他形式的‘僧伽罗化’，再次引发不满情绪，削弱了与泰米尔及其他少数民族真正和解、权力下放的可能性。”（国际危机组织，2012：2）

根据国际危机组织报告统计，北部有 12 万～15 万座房屋需要修缮或重建，然而，政府仅建造了 16 400 座新屋。（国际危机组织：7）

2011 年 4 月，联合国世界粮食计划署（WFP）进行了一项评估，国际危机组织发现北方的“生计依然不发达”，而且“在很多省份，几乎没有基本

的基础设施和服务，个人和公用资产受到严重损害，一个家庭若想重谋生路，无异于一个巨大的挑战。”（出处同上）

通过各种机构最近做的评估，国际危机组织观察到，在北部广阔地区存在着极高的贫困比例和粮食不安全问题。由于北方的高失业率和极度贫困，人们的生活非常艰难。引用联合国世界粮食计划署的统计，国际危机组织注意到，在北方五个地区中，有超过半数的人口生活在贫困线以下；在基利诺奇，26%的家庭生活水平不到官方贫困线的一半。（出处同上：10）

此外，国际危机组织发现，没有工作或其他收入来源让形势变得更糟。“很多人都在为了购买赖以生存的食物而奋斗。食品价格高和贫困让很多人吃得少，甚至借钱买食物”。根据联合国世界粮食计划署的调查，“在北方各省，超过60%的家庭食物得不到保障，大约15%的家庭严重食不果腹”。（出处同上）

如前所述，“富裕”是生活标准的核心，富裕水平是生活中传播和充满幸福一个必不可少的前提。因此，在这一点上，国民幸福指数的一个重要领域——生活标准，反过来又是幸福或快乐的一个重要决定因素。这暗示着那些生活困顿的人群中潜在的不满和不平如暗流湍急。任何关于贫困的研究都应该考虑引发贫穷的原因、影响和普遍性（不丹研究中心）。

普帕瓦科（Pupavac）曾指出，人们的生活保持一种细微的连贯性，面对任何挫折或障碍时他们的心理会变得很脆弱。（2006：16）在上述国际危机组织的报告中，这一点非常明显。弱势群体的生活条件易于造成一种“不安全”感，植根于人们的心理危机。这种心理建构可以极大地影响人们的政治态度。可见，心理不安或不满的形成、政治态度（政治心理）以及心理不安或不满对政治产生的影响之间有一种关联。

2010年，战后议会选举的结果便为这一论点提供证据。（《星期日导报》，2010）尽管政府及盟友在选举期间对发展思路做出过度承诺，但泰米尔人还是将首选票投给泰米尔民族联盟（TNA），尽管他们知道如果投票给政府，他们的家乡有可能会得到发展。然而，他们把票投给了泰米尔民族联盟，实际上对战后重建和发展进程毫无益处。投票结果表明，泰米尔人希望通过政治权利，重新获得他们应有的权利和尊严，尽管是战争导致他们民不聊生、环境恶劣。另一方面，由于人们对这些（物质和心理的）问题的不安或不满，导致反对政府者满腔愤怒，这也可能会影响选举结果。然而，与生活质量相关的认同政治更有可能产生“替代效应”。

人们的讯息

总的来说，这次选举结果清楚地表明了人们心里深藏的不满，也显示了由于当前的战后事件，他们的心理健康是如何受到影响的。重要的是，这是人们传递的一个讯息，即政治权利是最重要的。比他们自身的心理健康或物质财富更为重要。反过来，这一迹象表明重视生活质量的必要性，其中包括国民幸福指数的大多数核心因素，特别是建立政府善治，解决泰米尔民族问题背景下的分权问题。来自人们的讯息非常明确。那就是，他们贫穷、弱势、生病、买不起食物或上不了学，不是因为他们缺乏知识或理性，而是因为他们没有机会提高自己的生活标准和生活质量。他们缺乏这些机会是因为他们缺乏政治、社会和经济权力。

因此，政治解决方案是斯里兰卡战后重建与和解进程的最大前提。然而，这不意味着没有政治解决方案，战后重建和和解就无法进行。但重建工作应该认真、诚实，与和平进程同步，抱以创建持久和平的真实意图。

“如果”论点和先决条件

如果过去两年里战后重建与和解活动本着一种公平竞争、诚实的精神进行，那么成功还是有很大的机会，当前形势将得到很大程度的改善。人们会信任政府，大选结果至少在某种程度上将对政府有利，一个相互理解、相互信任的积极环境将由此诞生。反之，也将为促进和平谈判创造一个适宜的空间环境。然而任何可能都没有发生。因此就这个意义而言，适当、真正的战后重建与和解进程是政治解决方案的前提。

整个讨论中，我们观察到政治解决方案和战后和解的确互为前提。政治解决方案成为战后重建和解的先决条件。同样地，真正的战后重建和解措施又可以被视为真正的政治解决方案的前提。然而，至于斯里兰卡，如同我们所见，这两个前提都没有成功完成，让形势变得更加危险。假如有实实在在的战后重建与和解，将是另一种完全不同的情形，人们获得极大程度的幸福和富裕，事态向和平政治解决方案迈进。换言之，如果向泰米尔人提出一个可以接受的政治解决方案，那么现在就会发生有意义的战后和解重建。的确，军事冲突结束后不久，政府有很好的机会提出一个公平的、可以接受的方案。如果能够这样，即便是僧伽罗的强硬派也不会提出反对意见。然而，由于少数派的政治原因，政府错过了这一绝佳机会。

当前的形势似乎是进一步恶化，双方相互猜疑、互不信任。这进一步坚定了泰米尔一方要求正义、反对战争最后阶段所犯下的罪行、要求民族自决和过渡政治、反对斯里兰卡政府的决心。因此，如前文所示，在这个时间点上，向前发展的两个前提条件均没有完成。当双方僵持不下时，国际社会的贡献变得至关重要，应当担负这一最大责任。

国际社会的表里不一

一直以来，国际社会对此保持着沉默。20 世纪 50～70 年代，斯里兰卡政府的歧视行为激发僧伽罗-泰米尔的非暴力冲突，于 70 年代转化为暴力。2009 年最后的战争中，4 万多人被斯里兰卡政府杀害，但国际社会没有任何动作。（联合国战争犯罪报告，2011:40－41）2005 年，斯里兰卡海啸中丧生的人数（接近 4 万人）与之几乎相等。（哈维兰德 Haviland，2011）唯一区别是，前者是人为灾难，后者属自然灾害。自然灾害的发生无法阻挡，但人为灾难却可以阻止。国际社会对海啸作出了迅速回应，世界各地的斯里兰卡人纷纷伸出援助之手。灾区人们确实收到了来自国际社会的直接援助。而不幸的是，国际社会没有作出任何干预来阻止这一人为灾难的爆发，任由 4 万余人在众目睽睽之下丧生。即使灾难结束后，国际社会也没有介入，为受害者提供直接援助和支持。

挪威、日本、美国和欧盟等共同主席国曾参与斯里兰卡的和平进程，目的是为斯里兰卡内战冲突提出政治解决方案，但军事冲突结束后，他们就不再插手，推卸责任。不得不说，在解决泰米尔民族问题上，国际社会相当的表里不一。

但国际社会仍然有一个很好的机会介入斯里兰卡内战冲突，在不断变化的冲突演变成第二阶段暴力之前，利用当前对斯里兰卡政府战争罪行的指控，提出一个公平、持久的政治解决方案。

结　论

本文明确指出，当前战后重建、恢复与和解进程对于创造一致环境来实现持久和平、为斯里兰卡泰米尔人创造更好更稳定的未来来说，没有任何希望或可能性。相反，在东北部地区发生的活动和计划遭到失败，对创建战后繁荣和幸福的理想是无济于事的，并造成进程受阻的僵局。

本文讨论了导致这一局势的两个原因。第一，斯里兰卡政府缺乏诚意。第二，通过国民幸福指数的概念性定性回顾，对战后重建进程进行梳理后，发现缺少明确建立在“生活标准”和“生活质量”基础上的战后重建、恢复与和解综合性战略。通过国民幸福指数的概念性定性回顾，文章列举了当前战后重建进程在“生活标准”和“生活质量”方面的缺点与不足。

此外，本文还考察了将国民幸福指数原则纳入冲突后或战后重建进程、形成衡量冲突后或战后社会“富裕”和“幸福”进步水平的指标体系的相关性和预期成本。因此，可以有针对性地、以正确方式引导和指导国民幸福指数融入冲突后重建计划和政策的实际应用中。

建　议

目前，只有提供一个合理的、可接受的政治解决方案，真正的、有意义的战后重建才能朝着斯里兰卡持久和平的方向前进。但这样一个方案的提出迄今似乎是一个漫长的过程，鉴于斯里兰卡所发生事件的性质，还存在高度的不确定性。

然而，向饱受战争蹂躏的人们提供救助和援助，却不能一再拖延。当前迫切需要立即采取措施，着手在北部和东部地区实施全面的安置、恢复和重建计划。这只能通过建立临时国际援助机制才能得以实现。通过这种机制，泰米尔华侨组织和国际发展组织可以直接参与援助安置、恢复和重建进程。为了改善该地区居民生存条件，建立这种机制刻不容缓，联合国和共同主席国（挪威、日本、美国和欧盟）责无旁贷。反之，在联合国或国际社会的监督下，援助机制将大大推进和巩固谈判进程。

11 和平研究视角下的中日和解

刘 成

一

中日关系因其重大的现实意义和历史语境，与中美关系一样，成为中国对外关系中一个极其重要的方面。长期以来，中国政府十分重视改善和加强中日关系，不仅仅出于经贸互惠的需要，更是从睦邻友好、远东地区的稳定与和平角度出发，希望构建中日两个大国之间世世代代的友好关系。正因如此，中国学者非常关心中日关系，尤其是在中日关系出现一些不利变化的时候。出于对“中日关系正在恶化”的担忧，时殷弘教授在《战略与管理》杂志2003年第2期上发表了《中日接近与“外交革命”》①一文，该文在分析中日关系重要性的基础上，提出了“中日接近”的主张，进而指出，中国政府为了实现这个“外交革命”所应持有的姿态，认为这是中国政府换取外交优势的较小代价。从国际关系和国际战略的角度出发，中国没有任何理由不愿意中日之间接近，但正如中美关系中的台湾问题一样，日本侵华事件一直是中日关系发展的阴影。台湾问题不解决，中美关系就不会改变停停走走的局面；同样，不根本消除日本侵华问题的影响，中日关系也不可能没有波动。中国在台湾问题上的态度是极其坚定的，中国不可能以放弃对台湾的主权来换取中美接近的“外交革命”，而只能在政策层面上作出调整，从这点出发，中美“外交革命”将更多地依赖于

① 《战略与管理》，第二卷，2003。

中国以外情况的改变，特别是美国方面的变化。中外一些学者认为，中日关系的“外交革命”要容易一些，因为中国政府掌握着一定主动权，似乎侵华事件主要涉及的是民族感情问题而非主权问题。我们暂且不去讨论日本侵华战争实际上就是对中国主权的一种严重践踏，仅从感情上讲，一个不争的事实是，强烈的民族感情常常是与民族的集体记忆联系在一起，日本侵华期间的残暴行径在中国人的记忆中实在太深刻了，即使是那些在战后出生的中国人对这场“民族屈辱”仍记忆犹新。因此，如果要开展中日之间的“外交革命”，就中国方面来说，必须考虑中国政府和中国老白姓两个层面的态度。换句话说，中国政府现在是否可能无条件地积极推进中日关系的“外交革命”，中国人民是否可能忘却这种记忆或宽恕日本的侵华暴行? 这是中日接近与“外交革命”的两个必要条件。

二

我们首先讨论政府方面。对于现在的中国来说，现代化是压倒一切的目标，但现代化尤其在它初期发展阶段需要有一个依托，并凭借它调动一切资源，而民族国家正是调动各种资源的方便途径。民族属于一定的历史范畴，是人类社会发展到一定历史阶段的产物。但在历史长河的很长一段时期内，民族只是一个飘忽不定的存在，到了近代，民族与国家结合起来才形成有形的实体。民族国家是现代化的载体，没有这个载体，现代化就不能发生。简单说，民族国家是现代化不可缺少的支架。纵观现代化取得重大成绩的国家，都是在民族国家的支撑下，先人一步完成了现代化任务。而一旦现代化目标基本实现，民族国家的重要性也会下降，最显著的例子就是欧盟的一体化。

虽然中国很早就有以汉族文明为中心的“天下”概念，但民族国家的概念却很晚形成。中国传统上具有强烈的文化优越感，化内是“天朝之国”，化外则是“狄夷之邦”。近代中国正是处在以自我为中心的“天下主义”的虚幻之中，现代意义上的民族国家迟迟没有形成，现代化也就没有启动的支架，与现代化的先行者西方国家之间拉开了距离。鸦片战争的爆发，中国锁闭的国门被西方国家的枪炮打开。列强以血与火涤荡了华夏中心论的古老梦想，在蒙受了沉重的耻辱之后，从辛亥革命开始，中国终于认识到，中国也是多元世界中一个有限的政治实体，现代意义上民族国家的意识产生了，中国的现代化也正是在这时候开始艰难地启动了，而这已经比现代化先行一步的欧美国家落后了两百多年。然而，日本侵华战争就是对中国民族国家主权的严重侵犯，而在中国这样一个曾经经历了落后和屈辱历史的大国，任何有责任心的政府都会坚定不移地维护中国主权、领土完整和防止历史悲剧的重演。现实已经证明，中国现代化的成功依靠的是中国共产党的正确领导和全体人民群众的齐心协力，而现代化的成功又反过来进一步促进了民族团结和爱国主义精神。正因如此，中国人一直为朝鲜战争的战绩而骄傲，而日本侵略中国特别是侵华日军犯下的南京大屠杀罪行，则从反面让中国人牢记落后就要挨打的教训，极大地激励着我们的民族精神。

爱国主义与中日关系是如何相互作用的，或者爱国主义如何对中日关系产生影响？自 1978 年改革开放以来，中日之间的政治接触、经贸合作和文化交流有了长足发展。然而，由于爱国主义是促进中国现代化的一种鼓舞人心又行之有效的手段，中国政府在完成现代化进程之前，是不会停止谴责日本对中国的侵略的；中国也不会停止对广大群众的宣传和教育，认为汲取历史的教训是爱国主义的表现；中国人不能忽视日本首相参拜靖国神社；中国也不能忽视日本历史教科书的歪曲评论。由于双边关系中这些重复出现的复杂的历史问题，中日合作和友好关系一直岌岌可危。在中国共产党的领导下，新中国的现代化进程十分迅速，部分原因就是由于爱国主义的刺激。奋斗了六十年，中国的现代化取得了诸多引以为豪的成就，深圳、上海等一些城市的现代化进程尤为迅速。因此，现在的中国已经十分接近其实现现代化的目标。中国的现代化已经发展到相当高的水平，综合经济实力明显变强。在当前全球化的浪潮中，中国经济的进一步发展自然也会依赖世界经济的发展，因为中国这种开放的经济，国内的动力已不足以推动经济的增长。为了维持经济的持续发展，中国不可避免的要继续作世界贸易组织（WTO）的积极成员。因此，中国现在开始考虑采取其他的问题解决机制来实施国际法律。此外，中国政府可能会越来越少地强调日本之前的侵略问题，这将为中日外交接近和“外交革命”提供机会。然而，如果日本政府不愿彻底反思它的残暴，中国政府弱化爱国主义宣传的想法也注定会变缓。

三

事实上，中国的民族主义感情不仅是由政府推动形成的，还有一种“网络民族主义”新现象。事实上，网上民族主义者在谴责日本方面要比政府更激烈，他们想让政府采取更强硬的抗日立场。通常情况下，中国政府更愿意通过谈判的形式来解决政治问题，因为谈判有助于长期的经济发展，但在中日关系中，由于日本在战争期间所犯的罪行，情况却并不如此。如何来解释呢？原因是大部分中国人都不能把历史上与军国主义日本的苦难关系和当前与日本共和国的问题区别开来。因此，除了政府，问题还在于中国人民是否愿意原谅过去，综上所述，这是“外交革命”中日接近的另一个重要因素。一般情理上，多数人应该是愿意忘记过去的伤加并开始新生活的。但是，侵华日军的暴行在中国人心中留下的敌人形象并非短期内可以消除的。因为，一旦某个形象在某个群体中形成，他们就往往成为固定的存在。社会心理学、文化人类学、国际关系学和比较政治学的研究甚至表明，即使是在缺乏可靠证据认定敌对意图的情况下，个体或群体都倾向于形成和保持某种敌人形象。① 敌人形象包含了一种极其厌恶的情感因素，所以人们强烈希望保持现有的形象，很少愿意去寻求有关敌人的新信息。固化身份引发敌视和对立的行动，使对方采取敌对回应行动的可能性增大。这种互动式敌对行动的循环，加强了彼此的对手

---

① 贾尼斯·G. 斯坦(Janice Gross Stein)，C. A. 克罗克(C. A. Crockerp)、F. O. 汉普森(合著)F. O. Hampson (eds.)：《管理全球混乱：国际冲突来源和应对》(*Managing Global Chaos: Sources of and Responses to International Conflict*)中的“形象、身份和冲突解决“(“Image, Identity, and Conflict Resolution”)，华盛顿：美国和平机构出版社，1996，第 94 页。

形象。[①]

而且，在现实社会中，所有人又都愿意谈论那些已经遭受过的痛苦，大屠杀这种集体性灾难所引起的思考是其中一个重要问题，也是学术界争论不休的问题，正义为先，还是宽恕为重？至今为止，还没有一个绝对权威的观点。

著名的中国研究学者沟口雄二先生曾提出理解中日之间痛苦记忆的另一种思维，希望中国人在理解日本的基础上宽恕日本。[②] 当然，学者们讨论这个问题，可以更多地用理性甚至冷漠来支配自己的思想，但要让经历过被屠杀的普通百姓真正忘记过去伤痛的记忆是一件极其困难的事情，即使是学者，他也很难不受本国大众情绪的牵制，如果他来自被暴力肆虐过的民族，他就更难做到不顾及感情因素的困扰，这是中日两国知识分子不大可能完全达成共识的根本原因，也是时殷弘教授这篇文章所以引起强烈关注的重要原因。

当然，不忘过去，并不意味着记仇。无论在什么地方，人们在灾难中失去的很多东西永远不会再回来，人死不能复生，这是众所周知的道理。很大程度上，不死抱住过去不放，平息复仇的怨恨，宽恕罪恶者，是构建曾经敌对方之间友好关系的关键。汉娜·阿伦特在她的《人类处境》一书中指出："过去发生的罪恶，是一把悬挂在每一代人头顶上的达摩克利斯之剑，宽恕有助于痛苦往事的消解。"[③]马克·戈平(Marc Gopin)认为，宽恕的结果可能给那些长期遭受痛苦的人带来一种新的生活方式，而这可能

---

① 迪恩·G.普鲁伊特(Dean G. Pruitt)、杰弗里·Z.鲁宾(Jeffrey Z. Rubin)：《社会冲突》(*Social Conflict*)，纽约：麦格劳—希尔出版社，1986，第117～118页。

② 《读书周刊》，第五卷，2001，第5～10页。

③ 汉娜·阿伦特：《人的境况》(*The Human Condition*，)，纽约：道布尔戴出版社，1959，第213页。引自安德鲁·瑞格比：《正义与和解》(*Justice and Reconciliation*)，博尔德 & 伦敦：林恩瑞那出版社，2001，第12页。

比继续追忆他们的损失及其惩罚责任者更有实际的效果。① 南非大主教图图更是明确指出："有了宽恕，就有了未来。"②

但问题是，宽恕有没有前提条件？宽恕的目的是为了和解，宽恕的前提是人们必须相信敌对的源头已经得到治理，个人和集体的痛苦和伤害已经得到医治，只有这样，人们才能更多地着眼于未来，而不是抱住过去的加苦和仇恨不放。如果施暴者连过去的罪恶事实都想回避甚至掩盖，怎么可以要求被强暴一方的宽恕或忘却？

西蒙·威森塔尔在1976年出版的《宽恕?!》一书中讲述了这样一个故事：一名参与了大屠杀的德国党卫队员即将死去，在他生命的最后一刻，他向曾被关押在集中营的犹太囚犯威森塔尔寻求宽恕，但遭到了拒绝。这件事长期以来一直萦绕在作者心头，究竟该不该宽恕那名濒死的党卫队员？30年后，《宽恕?!》一书重新编辑出版，书中收录了当今世界44位名流对该书的回应性文章，围绕"宽恕的极限是什么？悔改对于宽恕来说已经足够了吗？只宽恕不忘记是可能的吗?"等问题，展开了讨论，令人吃惊的是，几乎所有人的观点都认为威森塔尔不宽恕的做法是正确的，有人指出，"宽恕是一种美德，但残杀无辜是不可宽恕的罪恶"；甚至有人认为："宽恕是无情的。宽恕表面上显得非常温和，但对被杀害者却非常无情。"③

当然，宽恕是和解进程中的一个重要因素。不过，宽恕不一定意味着赦免罪恶或对暴行熟视无睹，一个人可以在追求正义的同时施行宽恕，他可以出于对正义的渴望以及对于法律和相关制度的尊重，坚持要求某人

---

① 马克·戈平：《谅解作为地区文化冲突解决的元素》(*Forgiveness as an Element of Conflict Resolution in Religious Culture*)，阿布·尼莫(M. Abu-Nimer)(编)：《和解、正义与共存：理论与实践》(*Reconciliation, Justice and Co-Existence: Theory and Practice*)，列克星敦图书，2001，第98页。

② 图图主教：《没有宽恕就没有未来》(*No Future without Forgiveness*)，上海文艺出版社，2002，第213页。

③ 西蒙·维森塔尔(Simon Wiesenthal)：《向日葵》(*The Sunflower*)，纽约：舍肯出版社。该书由天津人民出版社于1998年翻译成中文。

为某个特定罪行或一系列反社会的行为承担法律责任。[①] 的确，宽恕是一种美德，但决不是廉价的，“若无真正的悔悟，恶是不可能被善所抵消的”。而目，冲突事件中任何一方都有自己的历史，他们不会轻易忘记他们集体的记忆，这些记忆成为他们本体性的主要部分。然而，为了保证敌对方的记忆不为未来的和解设置障碍，人们关键要学会承认“过去的真相”。这是一个互动的过程，即使用一种不同的眼光来关注过去，你也应该承认他人历史的真实性，这是求同存异的基础。宽恕如果存在，它所构成的正是与记忆、历史、忘却的那种共同视域，重要的是，只有当人们认为过去的罪恶不会再来，相信事情正在朝正确的方向发展，他们才会从过去痛苦的记忆中解放出来，彻底平息怒火和宽恕对方，寄希望于未来。然而，日本现在已经完全放弃了冷战时期的低姿态策略，军费开支明显高于美国以外的世界各国，并在法律上突破和平宪法，不再坚持日本在军备使用上的防御性姿态，转而寻求一种进攻性姿态，其自卫队拥有的坦克数量是英国的三倍，战舰是英国的两倍。[②] 与此同时，日本又极力为发动侵略战争的罪行翻案。日本首相不顾中国人民感情和《中日和平友好条约》的内容，多次参拜供奉甲级战犯的靖国神社，美化侵略历史的教科书，确实让中国老百姓感到无法接受。这不仅无利于中国人民忘记日本侵华历史，相反还会激化中国人憎恨日本的情绪。

四

因此长期来看，中国需要改善自己的战略地位和利益。时殷弘教授从中国首先要优化自己的有关战略态势和利益，主张大幅度改善中日关系，大力尝试中日接近。众所周知，在国际关系史上，没有永恒的敌人，只有永恒的利益，从这点出发，中国两位学者的对日新思维的出发点完全是为了中国利益。

---

① 刘成：《和平研究》，南京出版社，2006，第42页。

② 阎学通、金德湘主编：《东亚和平与安全》，时事出版社，2005，第272～244页。

但问题是，中国的根本利益依赖于中国的现代化发展程度，无论是中日外交还是中美外交都必须服从和服务于这个根本利益。2003 年 5 月 31 日，中日两国领导人在圣彼得堡举行了中国新一届政府上任以来的首次中日高层对话。这次会面虽没有任何实质意义的协议达成，但表明了中国新一届政府对日态度仍是趋于积极的。小泉多次参拜被视为少数日本右翼分子为日本侵略历史翻案象征的靖国神社，但中国国家领导人以大局为重而进行会谈，表现出中方的善意和务实精神。但是，中国现代化任务还没有完成，与世界发达国家的经济发展水平还存在很大的差距，中国还要走一段“卧薪尝胆”的历程，爱国主义精神还不能丢，民族精神还必须大力弘扬。而目，外交政策是有连续性的，不可能有 180 度大转弯，中日关系的根本调整应该是一个长期的互动过程，而不是在短期内就实现决定性突破，即使中国单方面作出重大退让也很难说就得到良好效果。在目前，启动和推动中日战略对话和军事交流，创造良好的政治、安全关系氛围，对 21 世纪中日实现战略和解与合作是至关重要的。但中国对日政策的继续积极改进，应该伴随着中国现代化的进程逐步加大，中国的现代化还需要中国人的同心协力。一句话，中国现在和将来都不可能不提那段历史。在前几年有关“侵华日军南京大屠杀遇难同胞纪念馆”名称是否应该更换的讨论中，有人建议改为“国际和平中心”，但绝大多数人坚决反对改名。因为当前的民族主义仍然是中国现代化的一个至关重要的条件。“勿忘国耻”仍然是激励中国民众的重要座右铭。即使是在研究 21 世纪全球化的时候，民族主义可能会伴随着民族国家的衰退而逐渐消失，但是，正如埃里克·霍布斯鲍姆所言，现在说这个显然是荒谬的。① 然而，问题本身反应了中国政府和人民对日本侵略问题的态度已经发生了改变。时教授等中国学者在对日外交政策方面的新思想就提供了很好的例证。日本政府应该明白和理解这一点，并作出积极反应，协助中国实现现代化。

---

① 艾瑞克·霍布斯鲍姆：《1780 年来的民族与民族主义》(*Nations and Nationalism Since* 1780)，上海人民出版社，2000，第 224 页。

历史留给一个民族或国家的痛苦记忆是很难抹去的，日本每年8月6日和9日在关岛和长崎分别举行的原子弹轰炸纪念日活动就是最好的证明。我们不能据此认为日本在进行民族主义宣传。当然，美国轰炸日本和日本侵略中国是两种不同性质的问题，按照现在时髦的观点认为，前者是正义战争，打击的是"邪恶势力"，后者属于非正义战争，应该遭到全人类的谴责。因此，要消除日本侵华事件留给中国人民的灾难性的集体记忆，更需要一个漫长的过程，需要多方面的共同努力。其中，日本方面作为这段历史的过错一方，理应有更加积极和建设性的姿态。实践已经证明，没有中国人民对日本侵华暴行的宽恕，就不可能有真正、持久和稳固的中日友好和睦关系，中日接近与"外交革命"也就没有民心的基础，而要获得中国人的宽恕，不仅中国人要着眼未来，逐渐平息情感上的怒火，重新构建中日之间美好的记忆，更重要的是日本政府和人民要为此付出更多的努力。没有宽恕就没有和解，但是，宽恕不能失去对正义的诉求和对事实真相的期盼。一句话，中日关系要遵循"以史为鉴"和"面向未来"的原则，而前者是后者的条件。

著名和平学家约翰·保罗·莱德里奇(John Paul Leclerach)认为：和平、真相、正义、宽恕是和解的核心要素。和解是上述四方面相结合的过程：真相渴望罪恶能够昭然若揭，痛苦和磨难得到同情和确认。但真相又与宽恕相伴，摆脱过去和重新开始是必须接受的观点。正义是对个人和团体利益、社会重建和补偿的探求，但它又与和平相连，和平强调的是相互依存、健康欢乐和平安幸福。和解事实上是一种相互依存的思想和力量。[①] 一句话，和解是一个进程，是指在各方共同努力下，人们创造性地

① 约翰·保尔·莱德拉(John Paul Lederach)：《构建和平：分裂社会的可持续和解》(*Building Peace: Sustainable Reconciliation in Divided Societies*)，华盛顿：美国和平机构出版社，1997，第29～30页。

实现了冲突的转换。① 2003 年 6 月 12 日，即中日双方领导人会晤后的第一天，《东京新闻》曾发表评论文章称，这是“新型日中关系的开端”。② 确实，21 世纪的中日关系应该有一个新的突破，作为近邻的政治大国中国和经济大国日本，前者在积极地向经济大国方向迈进，后者也正朝着政治大国的目标努力，无论是出于本国利益的考虑，还是是否有利于区域乃至全球的稳定，中日两国之间的日益接近都是非常重要的，但这不仅取决于中国政府，还取决于中国老百姓。当然，也取决于日本政府和人民。

我们认为，中日双方关系的根本改善和现有冲突的化解应该遵循以下几个原则：第一，双方加强合作共同解决问题；第二，争取达到一种整合性的双赢目标；第三，采取和平方式，并尊重和理解有关各方的利益。

---

① 中国的和平研究始于 2000 年。是年，南京大学历史系世界史学科与考文垂大学“和平与和解研究中心”建立了正式合作关系。自 2002 年开始，每年派遣几名中国教师赴英国考文垂大学参加高级和平研究。目前，南京大学已开设三门本科生和研究生课程。此外，2004 年南京大学开始招收和平研究方向的硕士和博士研究生。2006 年，出版本科生教材《和平研究》（由本人编著）。2005 年 5 月，在南京召开的和平学国际学术研讨会标志着中国和平学研究的正式启动，很多学者前来参与，让中国人更加了解和平研究的目标，推动和平教育与研究工作，对中日关系来说也是利好消息。

② http://www. nanfangdaily. com. cn/zm/20030612/xw/tx/200306121121. asp

12　海峡两岸对话:在台湾海峡两岸青年社团的对话中激发和平潜力

新井立志

自2005年以来,作者一直致力于促进来自中国大陆、美国和台湾的青年社团代表对话。[①] 本文旨在探究十次为期一周的对话所取得的经验。每次对话分别从三个国家和地区中精心挑选十五名代表,批判性地反思这十五名代表不断表现出来的团队动力模式,并针对海峡两岸受过高等教育的青年的生活经历,提出几个有益假设:(1) 对海峡两岸关系历史的世界观争论,包括亲身经历以及过去几代人传承下来的观念。(2) 中国主权的可转让性。(3) 他们根深蒂固的群体认同及其感情依恋的持久相关性。(4) 彼此产生同理心的能力,有时甚至跨越政治正确性的边界。

简言之,两岸关系的新兴趋势——从开通双向直航航班到两岸游客不断增加——为民间社会交流的加深和扩大提供了一个前所未有的机会。来自中国大陆、台湾和美国的青年代表之间为期一周的冲突化解对话,在美国公正的学术氛围下呈现出一种潜在的、有益的海峡关系构建模型。这种模型或许可以在海峡地区复制,并有利于激发双方之间不断深化的民间团体关系中固有的和平潜力。同时,这些对话还打开了一扇独特的机会之窗,通过这扇窗户我们可以观察到,这些青年社团代表作为亲

---

① 在本文中,"中国大陆"(Mainland China)和"台湾"(Taiwan)指台湾海峡的两岸,强调其地理区域及与之相联系的人群。

历了20世纪40年代中国内战的台湾和中国大陆人的第三和第四代，是如何对历史冲突的意义进行商讨的。因此，这十次海峡两岸对话所形成的经验将为冲突的未来走向提供独特的观察视角，而这些冲突在日益增多的海峡两岸正式文献中或许并不多见。

关于这次调查的范围，首先需要确定两点。第一，文中“民间团体”一词采用广义，通常指社会互动领域，这种互动不受政府或市场力量的领导或强迫。相比现实，这一定义更多是一种理想状态。特别是在当前，两岸关系受两岸政府监管、市场力量驱动的情况之下。然而，本文采取的立场是，除了政府和市场的制约，还存在人与人之间交流的新兴领域，其意图和结果不能简单地理解为刻意迎合官方政府议程或市场导向及营利活动。这种交流包括教育和学术交流、自发性旅游以及体育、艺术方面的交流。本文重点关注民间团体对海峡两岸影响的弹性边界具有动态的、不断变化的性质，扩大或消弭政府和市场造成的影响。基于民间团体这一广义概念，本文对青年代表的对话进行考察，试图概括潜在的可行性经验。

第二，分析的地理范围。十五名代表为期一周的对话，包括五名台湾人、五名大陆代表以及五名美国人，他们需要了解历史冲突、采取行动对海峡关系产生积极影响。他们对对话的贡献意义重大，既是美国社会的信息传达者，又是两岸关系重要的利益相关者。本文将在相关背景下对他们进行考察，主要关注台湾和中国大陆的双边关系，在可控范围内进行讨论，同时为研究两岸关系中美国政府、商业社团和民间团体所发挥的作用奠定基础。

基于此，本文分成三部分。第一，简要介绍冲突的历史，重点强调2008年以来海峡两岸民众交流的最近趋势。第二，概述本项研究所采用的创新性原理和方法，试图阐明一种民间团体交流的模式，激活和平潜力，为人民之间接触的新兴趋势奠定基础。第三，系统地提出四个可操作性的命题，代表对话中反复出现的主题，将成为理解未来海峡两岸关系的关键所在。

冲突概要：在发展的历史背景中寻找和平潜力

关于对话在海峡两岸关系中力图作出的独特贡献，需要在冲突的宏观历史背景下进行考察。尽管对话具有非官方、非正式的性质，但参与者以及协调人（本文作者），始终不得不面对那几十年双方最高级官员一直努力解决的基本问题。简言之，即“冲突最核心的内容是什么？”根据海峡两岸谈话积累的经验，一部分答案可以总结如下：

对中国大陆来说，一个中国原则下重新统一的既定目标，最终源于共同承诺建设和恢复民族身份和不可侵犯的完整领土的历史连贯性。这一承诺本质上是寻找中华人民共和国（中国）在当代世界立足和巩固的合法地位。与此同时，还不断努力应对在危机和困难时期重现的让人难忘的历史创伤和荣耀。有些集体创伤显而易见，如19世纪中期的“百年国耻”，中国在鸦片战争中败给英国，沦入被西方和日本侵略殖民的深渊。[①]有些国家荣耀也相当显著，如1949年成立了由中国共产党（CCP）领导的中华人民共和国，战胜日本侵略军，使国民党退至台湾。由于台湾的独立运动，中国未能实现统一。约两百万国民党士兵和追随者逃到台湾岛，意味着拒绝承认共产党在20世纪40年代末内战中取得的胜利。同时也意味着否认中华人民共和国的合法地位。这个共和国建立在其缔造者所承受的难以形容的苦难和牺牲之上，他们为了从殖民者、帝国主义者和国内压迫者手中拯救自己心爱的祖国而付出了惨重的代价。

对台湾而言，冲突不仅包括众人皆知的官方立场，如一个中国下的两地统一、台湾独立问题和维持台湾中华民国（ROC）现状、维持两地外交现状。而更重要的是，冲突是关于2 300万名具有不同历史背景的各族人民能否不受大陆干扰而自行选择其政治前途。这些人有的是20世纪40年

① “百年国耻”（Century of Humiliation）这一话语是从中国19世纪中期的真实经历演化而来，还是随着最近当地中国民族主义的兴起构建产生？［格里斯（Gries）2004］历史学家们对此一直存在争论。本文不力图解决这一争论，而认为不管其历史渊源的真正性质和其动态演化过程如何，这一感情色彩丰富的话语体现了一种有影响的现实。

代中国内战期间来自大陆的移民，有的是内战前台湾原住民的后代。中国内战和国民党领袖及追随者飞往台湾岛这段历史对当今产生何种影响，人们一直没有停止对它的思考。随着台湾民族意识的加强，这种思考也逐渐加深。如今，独特的台湾认同感，或更准确地说是多个台湾身份，将之与大陆人区分开。在塑造和重塑国民认同观方面，比以往任何时候更显突出、更具决定性意义。由于不断演化的本地认同这一决定性意义，很多不同背景的台湾团体——其中包括大部分参加两岸对话的台湾青年代认为中国共产党的统一政策不切实际，从根本上不符合台湾实情。台湾多党民主制的历史演变、西方自由市场的不断渗透与对美国双边安全关系的依赖性，以及日本殖民主义和后殖民主义的持久遗留问题，这些都造成了各种台湾认同感的具体化：追求政治选择的自由，追求更大的安全性，避免来自大陆的无论是想象的、还是真正的威胁。

沿着这一思路，深入观察海峡两岸关系冲突的根源和动力学，可以让我们超越冲突本质过于简单化的表象，因为这种表象通常会演变为追求台湾独立或“一个中国”下的统一这种二元方式。如今，一方面，大陆寻求统一的国家地位和领土完整，而另一方面，台湾人渴望政治选择自由、渴望从感知的中国威胁中寻求安全。在此情形下，如何展望海峡两岸关系？换言之，什么样的两岸关系机制是能被接受、可持续发展的，能灵活适应并有效促进这些平行的寻求进程，直到实现相互尊重的共存模式？[①] 一种探索未来方案的方式初显成效：海峡两岸青年民间团体代表举行为期一周的对话（美国青年也参与），用外交官和政府官员也许不能或不愿采取的方式来解决这些问题。一言概之，这就是两岸对话的愿景及其使用独特方式的意义所在。

在此，作为这种民间团体行动产生的背景，需简要介绍两岸长期发展的宏观历史趋势。通过海峡两岸关系最近发生的事件，我们很容易就能找到他们的关注点。根据国际危机组织（2005）统计，自 20 世纪 80 年代

① 一些地区的专家已经对这种将冲突解决理论运用于海峡两岸关系的面向未来的思路进行了探索。参见布什(Bush)(2005)。

末海峡两岸关系逐渐开放后，两地通婚超过 21 万对，其中 9 万大陆人的配偶住在台湾；台湾有每年超过 400 万人到大陆旅游；目前台湾 2 300 万人口中，大约有 100 万人居住在中国大陆。

2008 年 5 月，马英九作为台湾国民党候选人当选总统，取代前任陈水扁。陈水扁以国民党最主要的对手民进党（DPP）的支持为基础，在八年任期中逐步采取措施，表明台湾准备进一步从大陆独立出来。在马英九的领导下，国民党的统治得到恢复，海峡两岸交流以前所未有的速度加快发展。例如，2008 年 11 月双方官员签署协议，每周往返包机数量从原来的 36 班次增加到 108 班次，每天均有航班起飞。这些航班将内地 21 个城市和台湾 8 个城市连接起来。随着引入更高效、优质的航线，台北到北京的航程只需两小时，台北到上海的航程只需 80 分钟。根据 2008 年 7 月份签订的双方协议，普通中国公民可以以游客身份自由到台湾旅游。因此，两岸旅游人数呈现指数性增长，如下表所示：

表 12.1　2008—2011 年中国大陆到台湾的游客人数①

年份	每年大陆游客数（百万）	每天大陆游客数
2008	0.3	900
2009	1.0	2 600
2010	1.6	4 400
2011	1.8	4 900

前往台湾的大陆游客数量急剧增长，只不过是两岸关系不断深化的一个明显迹象。在邮件服务、货物运输、艺术展览和教育交流等领域，也出现了类似的趋势。2012 年 1 月，马英九再次当选总统，开始第二个四年任期。预计在未来一段时间内，在他领导下的国民党统治将维持这种趋势。

然而，这些商业和民间团体活动都不是为了促进关于如何解决双方

① 表格项目为近似值。统计资料来源：台湾交通部（Taiwanese Ministry of Transportation and Communication），http://admin. taiwan. net. tw/english/ statistics/ release. asp? relno＝6

政治冲突的公开讨论。但从世界其他地方(从南非到北爱尔兰)的历史和平进程表明,在强劲的、可持续的机制下,民间团体交流的开放让彼此的形象更加人性化,建立互信,促进草根组织采用非暴力方式解决政府不得不面临的棘手的政治选择。在长期、宏观的历史视角下,纵观数十年的时间跨度,该建立一个怎样的海峡两岸民间团体交流机制,具有持久性、组织有序,能够最有效地让两岸人们从战争中恢复过来,尤其当双方需要面对重大政治选择时,能坚定地共同寻找和平解决的方式?

为了寻求答案,海峡两岸对话一直提倡的愿景之一就是建立安全、持久的社会空间,并使之制度化。藉此,两地人民能够探索各种非暴力共存的未来方案,超越与台湾独立相对的"一个中国"之狭隘定义和静态形象。这样的社会空间必须是经过精心策划、足够强大的,能提供一个可持续的交流平台,可以开放探讨、激烈辩论、挑战今天的政治边界和禁忌——虽然可能会引起相当的不快,但平台不会因此昙花一现,反而长期存在。在当今的巴以关系中,已逐渐引入这一意识,尽管之前一直受到两国排斥,但现在已开始扎根。这样的社会空间可以在不同交流层次上复制和增加,如学术、商业、旅游和媒体。其主要功能是通过一个范围不断扩大的、看似非常规的解决方案让海峡两岸人们不断提高对彼此的认识和认知。尽管范围和影响尚有发展空间,海峡两岸对话旨在创建至少一个这样令人信服的社会空间模型。

海峡两岸对话:基本原理和方法论

2005年,美国罗德岛布朗大学学生志愿者第一次将海峡两岸对话概念化并付之实践,旨在打破台湾海峡两岸民间团体交流的僵局,尽管只是初步影响。[①] 自2009年3月,每年秋季在布朗大学校园举行一次对话,后来扩大到伯克利加州大学每年举办一次春季研讨会。2005—2011年,一

---

① 海峡寻新论坛由布朗大学19岁学生林柏瀚(Johnny Lin)于2005年初创办。他现在作为论坛主席共同领导这一非营利组织。关于海峡寻新论坛的更多信息,请访问 www. straittalk. org

共举办了10次研讨会，其中7次在布朗大学，3次在伯克利。

2008年，海峡对话发展成为美国非营利组织。每次活动通过公开广告和严格筛选，招收高素质、懂英语的本科生和研究生，三个国家和地区各5人。挑选出来的参与者通常来自一流大学。三个国家和地区特别注意保持参与者在性别、区域背景、政治取向等方面的多样性。通常包括最近毕业已成为专业人才的大学生，如那些渴望通过自己的专业对海峡两岸关系做出贡献的商业顾问、律师和记者等。由于海峡两岸缺乏持久的正式会谈（特别是在2008年之前），两岸对话的愿景是让精心挑选的、高素质的青年民间团体代表走到一起，举办为期一周的对话，共同解决问题、建立关系。这些参与者拥有颇强的学术和专业潜力，堪称“潜在影响力人物”，在不久的将来最有可能成为有影响力的、在民间团体交流、商业、学术和政府服务等领域作出贡献的人才。

十五名代表经过了多达40个小时的密集型近距离对话，旨在创造一个安全、开放的氛围，进行诚恳而真实的思想和感受交流。对话包括比较案例研究①、深入冲突分析、双方角色逆转、对未来愿景共同进行头脑风暴思考，以及使用隐喻、仪式和故事叙述。为期一周的对话期间，穿插着一些非正式社会化活动、有关海峡两岸关系的学术演讲和专家小组讨论。随后，每位学者或专家受邀参加一个特别小组会议，通常只对十五位代表和对话主持人开放。代表们可能会就对话中出现异议的紧迫问题和争论向专家们提问，因为很多受邀学者乃是熟谙各自研究领域的知名专家或高级实践者，在两岸冲突方面拥有广泛的第一手经验。通过特别小组会议，代表们有机会根据各自的冲突分析和未来愿景进行现状核查，这些同时也是在对话中一直讨论的问题。这种整合两种平行的学习轨迹的国际努力——近距离的问题解决对话和向专家和高级实践者咨询——可以说

① 20世纪90年代末，其中的一个开幕典礼在探索东帝汶(East Timor)-印度尼西亚冲突的可能解决方法时，要求台湾会员站在印度尼西亚的立场，中国大陆会员站在东帝汶的立场。美国会员分成两个亚组，加入双方中的一方。新井立志2012：203-208)描述了这种体验式学习方法，该方法建立在冲突双方各自的身份上以引发共鸣和创造性，如同跨情境案例研究。

是海峡两岸对话为建立交互式冲突解决方法(ICR)作出的一个独特贡献。①

尽管对话进程旨在创造一个近距离、安全和开放性的氛围，其直接成果包括最后形成共识文件，为海峡两岸关系的未来提出具体建议。共识文件通常包括政治/安全、经济和文化/民间团体等部分，由十五名代表在最后举办的公共论坛上提出，然后在更大范围内发行。②

共识文件阐明了长期社会变化的宏观愿景，除此之外，海峡两岸对话代表还受邀形成跨国组织，通常各组有三至四名参与者，共同设计小型的基层方案。无论是否有额外的资金，研讨会结束后，他们便可立即开始实施。这些方案被称为和平项目，在范围和内容上大相径庭。最近的例子如各自召开校园研讨会、分享参与者海峡两岸对话的经历、记录和对比海峡两岸内战幸存者的经历、海峡两岸高中学生交流活动，以及运用海峡两岸对话模式促进解决参与者社区内重要社会问题的促进对话。值得一提的是，通过这些和平项目，海峡两岸对话各届参与者在维持了各自社团内部以及三个地区之间建立了一个不断发展壮大的网络。

最后，有必要探究海峡两岸对话对交互式冲突解决方法的理论和实践贡献。根据桑德斯(2000:225)，交互式冲突解决方法被定义为“处于紧张或暴力冲突的人们在小型非正式集会中使用的明确、系统的方法，鼓励他们共同解决那些造成认同分裂、关系僵化的问题。”

关于交互式冲突解决方法的一系列实际性操作功能，海峡两岸对话重点关注以下三个方面③：

---

① 关于交互式冲突解决方法的更详细讨论请见下文。

② 每年，在为期一周的研讨会结束时，15名海峡寻新论坛参与者会共同旅行，将共识文件呈现给诸如美国外交关系协会(Council on Foreign Relations)、亚洲协会(Asia Society)和亚洲基金会(Asia Foundation)等组织，其中通常会有出席研讨会的高级学者和政策导向实践者。

③ ICR的影响范围比本文考虑的要广得多。有关论述参见鲁哈纳(Rouhana)(2000)。

1. 关系构建[①]：将来自台湾海峡两岸、美国的潜在青年领导者召集起来，形成关系持久的非正式网络。

2. 技能锻炼[②]：通过实践经验学习介绍分析和解决冲突的基本技能，鼓励参与者在和平项目和其他环境中运用所学技能。

3. 学习和传达新见解，来应对长期宏观社会变迁[③]：通过最后共识文件、公众演讲、和平项目以及职业承诺等方式，让参与者学习理解和解决海峡两岸冲突的新方式，协助他们长期应用新见解，影响更大范围的利益相关者。

作为青年人领导的民间团体运动，海峡两岸对话主要关注关系构建（功能 1），同时，提供次要目标——技能锻炼的机会（功能 2）。但对政策导向学习的贡献以及向高层决策者传达影响（功能 3）仍然很有限，因为参与者是大学生和年轻的专业人士，并未参与决策或者大规模的社会变迁。因此，学习和传达功能是海峡两岸对话孜孜以求的长期目标。

对海峡两岸对话的预期影响和范围进行实用主义描述后，还须强调一点，在大陆颁布《反分裂国家法》的背景下，始于 2005 年的民间团体交流和关系构建运动，具有举足轻重的意义。2005 年的海峡两岸对话很可能是交互式冲突解决方法在深入讨论两岸冲突问题的唯一应用，人们认识到对话带来的无形但显而易见的力量。自 2008 年马英九当选台湾总统后，随着两岸商业、教育和文化事务交流扩大，社会大气候已经明显偏向 2005 年以来海峡两岸对话提倡的民间团体交流方式。伴随着政治气

---

① ICR 已经被用于在许多受到冲突影响的社会中建立和改变人际关系。案例参见桑德斯（Saunders）（1999，2000）和戴蒙德（Diamond）和费希尔（Fisher）（1995）。

② ICR 对于能力建设的贡献已被大量研究和证明过。例如，基于在协助巴以对话的大量经验，克尔曼（Kelman）（1995）评论说他及其同事开展的 ICR 研讨会帮助培育巴以领导人干部，这些人后来就 1993 年的奥斯陆（Oslo）和平协议的许多方面进行了协商或施展影响。

③ 有关 ICR 的研究和实践主要关注如何寻求解决社会冲突的解决方法（学习），以及如何将这些解决方法传达给政策制定者和每个卷入社会冲突的有影响力的利益相关者（传达）。参见伯顿（Burton）（1986），克尔曼（1997），以及米切尔（Mitchell）和班克斯（1996）。

氛的缓和，一直有一定人数的大陆共产党员参加由布朗大学和伯克利加州大学举办的历次海峡两岸对话。2011 年，以一名参与 2009 年伯克利对话的中国大陆人作的准备工作为基础，海峡两岸对话第一次在香港举办。台湾参与者由此受到启发，定于 2012 年在台北举办海峡研讨会。海峡两岸对话因此也发展成为分别在美国、中国大陆和台湾同时举办四个年度对话的民间团体运动。①

从概念上说，海峡两岸对话无异于一个社会实验，尽管政治僵局继续造成两地分隔，两岸越来越多积极性高的年轻公民通过交互式冲突解决方法参与到关系重建之中。以下几个问题可以对这一实验进行评估：

- 海峡两岸对话可以采用什么协同方式与海峡两岸其他民间团体对长远和平产生共同的、累积的效应？

- 在东亚独特的社会文化背景下，特别是跨海峡关系中，交互式冲突解决方法作为关系构建的方法之一，将发挥多大程度的作用？值得探讨的是，作为一个应用型系统，交互式冲突解决方法是否与东亚文化背景相符？东亚文化，倾向于优先考虑集体主义社会规范，而不是个体自由意志的表达。

- 关系构建活动能否进化成某种形式的政策导向学习并将之传达，对宏观政治层面产生切实影响？如果可能，在什么样的情况下会产生这样的影响？

这些问题明确界定关系构建的独特性质。藉此，海峡两岸对话为交互式冲突解决方法的理论和实践作出贡献。接下来的分析也许仍未完整地回答这些问题，但至少阐明海峡两岸对话所体现的社会实验的焦点和意义。

对话中的四个新兴趋势

10 次研讨会均是同一位主持人，或多或少遵照了相同的方法。因每

① 作者仅协助了布朗(Brown)和伯克利(Berkeley)研讨会的召开。本文分析了作者直接参与过的在美国举行的 10 个会议。

次参与者不同，本文作者作为主持人观察到了10个三方组织之间团体动力学的区别和相似之处。本节将强调四个反复出现的主题，反映出多年来参与者重复出现的行为和态度模式。这些主题包括：

1. 关于哪些是形成各自冲突历史观念的最重要的历史事件，参与者的看法既有趋同、也有分歧。

2. 参与者重新思考、试图暂时搁置原本不容商量的主权原则，尤其是在"一个中国"的理论原则。

3. 尽管参与者年纪尚轻，但对中国国家认同和独特台湾身份分别表现出历史性的集体效忠感。

4. 参与者有能力、同时愿意对对方不同的叙述表达极大的同理心。这一同理心甚至会否定自己的政治正确性、挑战自我禁忌。

可以推测，四个主题总结的模式不具备随机性，而很可能存在其社会根源和重复出现的原因。还可以进一步假设，这些反复出现的现象，可能反映了中国大陆和台湾受过良好教育的年轻一代在如何看待当今海峡两岸关系方面更广、更深的一些趋势，这些年轻人正是亲历了20世纪40年代亲自经历了中国内战的人们的第三、四代人。

接着，我们将根据对话中团体动力学的具体事件，对每个主题进行分析。尽管这些具体事件有时看似流于表意，但事实上阐明了更广泛的概念主题，尤其是在多年来反复出现的环境中进行观察时。但需注意，这四个主题的经验有效性也不应该拔升到超越参与者外业记录的地步，而必须经过严格的实证检验。作为值得关注的社会科学探究领域，这些主题仍具有很大的潜力。

主题1：冲突历史的认知

仔细观察这些对话，可推测出中国大陆和台湾的青年代表如何将冲突历史概念化的一些模型。当参与者解释他们的冲突为何和如何导致了今天的局面时，这些模型明显体现了他们是如何选择历史事件来进行阐释。

对话早期引入了一个活动:“漫步历史”。这是由约瑟夫·蒙特菲尔[1]推广的一种体验式学习方式,被解决冲突的实践者们广泛应用。在海峡谈话的运用情况可总结如下:(1)中国大陆和台湾代表各形成一个五人小组,根据各自判断,选择七到八个导致海峡冲突重大历史事件。(2)每个小组在笔记本大小的纸上用大字写下每个事件的性质和发生的时间(一张纸记录一个事件,如“1949年中华人民共和国成立”)。(3)将记录两组所选事件的纸按照时间顺序在地沿线排成两行,大陆组的放在一边,台湾组的放在另一边。目的在于同时展示两个形成冲突的历史,两个连续的事件之间(如1949年事件放在1945年事件之后)留一定距离,与相隔的实际年数大体呈正比(如1945年和1949年之间留出相隔四年的距离)。(4)所有参与者在主持人后面排成一队,被要求站成一条直线,跟在主持人后从年代线的起点出发,跟随主持人慢慢地、静静地从中间穿过两条平行的年代线,向左看、向右看。行走过程中,要求组员们想象如果生活在冲突历史的这一边是什么样的,如果生活在另一边又是什么样的。(5)行走结束后,大家围坐在两条年代线旁分享各自的发现和思考,探讨对比他人观点、自己对冲突历史的观点是如何形成的,原因何在。

目前,我们正在研究的一个问题是:多年来,代表们选择特定历史事件时是否形成了某种模式?答案是肯定的。比较不同国家的小组多年来设计的年代表,可以识别出数届两岸对话不断重复出现的事件。

在此介绍的年代表样本选自2006年的研讨会。它反映了非常独特的团体动力学以及特定年份参加对话的特定个人对冲突的观点。同时,与其他年份表相比,我们认为2006年版本在一些重要方面,与其他版本中台湾人、大陆人小组对冲突历史的解释具有类似性。

这一相似性主要表现为双方均认为两岸冲突历史始于1895年。《马关条约》的签订标志着中日战争的结束,日本开始对台湾殖民控制。双方

① 约瑟夫·蒙特维尔(Joseph Montville)提出了“漫步历史”的概念以及其在美国社会冲突中的运用。参见 www. hopeinthecities. org/node/23241

代表没有任何质疑，不断采用同一个事件作为年代表的起点。这个事实可能非常重要，因为双方年轻一代通过不同的历史教科书和认同形成的不同政治经验，获得了对冲突的观点。尽管双方赋予 1895 年事件的意义有所不同，如台湾人经常声称那一年他们的居所被大陆抛弃了①。但他们有共同的世界观，那就是冲突历史是有时限的。并非永无止境的，冲突在产生的那一年、在那个造成创伤的事件中有其根源。这意味着，这些年轻的参与者选择不去进一步回顾近代以前的历史来寻求冲突的起源，至少在这项活动的范围内，要求他们只选择 7～8 个事件。

然而，参与者有时也会选择更久远的事件来设定年代表。如 2005 年大陆组选择秦朝的建立（公元前 221 年）作为时间起点，中央政府第一次控制了大部分构成当代中国的广袤疆土。大陆代表提出的基本原理是，台湾人寻求独立，打破了中国自公元前 221 年以来的统一，因此需要在更大的历史背景下重新考虑。把冲突历史延伸到 1895 年之前的还有一例：2007 年台湾代表指出冲突起于 1683 年大陆清军占领台湾。清军在台湾建立名义控制，防止台湾岛落入外国统治，或防止台湾变成当地叛军的反华战场。他们认为，台湾接连发生了一系列反华暴动，增强了反对大陆征服者的不同土著身份，因此对台湾自古就是中国的一部分这种主张带来了挑战。

尽管偶尔提到了一些 1895 年之前的事件，多年来，台湾和大陆参与者之间团体动力学的总体趋势还是倾向于将冲突始端定义为一个当代现象。这意味着他们不太倾向于在古代寻求起源，不太可能将之神化，把祖先对根深蒂固的官方立场所做的承诺戏剧化——“一个中国”VS“台湾独立”。从对话的实践性来看，当这些年轻代表有能力且愿意把冲突作为一系列当代问题和不满来处理时，这种态度表现得最为明显。或许有人会说，与那些从远古传下来的无法解释的神化相比，这更加具有可传递性和

① 2009 年，在为期一周的对话结束后，一名代表用隐喻的方式表达了对 1895 年事件的看法：“有些人把这看作是一个女人被迫与一个男人分离，而其他人则视之为一种新意识的诞生。”

可塑造性。然而，如后文所示，具有现代意义的两岸冲突仍然充满了看似非理性的情绪。

主题2：主权的可转让性

多年来，解决冲突的对话也证明了中国大陆和台湾青年代表们在各自社会的主权主张中反思民族热情的意愿和能力。通过自我反省，有时候是个人内心独白，每个小组都尽力向其他小组阐述自己主权不可侵犯的坚定信念。他们还剖析了主权的多面性，尤其是在讨论“一个中国”和“台湾独立”的背景下。通过这样一个彻底的分析和分享自我反思的过程，年度对话最终达成共识文件，罗列出各种可能的政治安排，超越了传统上处理冲突的零和思维模式。

在2009年伯克利对话中，台湾代表问中国的基本原则以及该政策下的中国民族主义基础，大陆代表对此作出了回应。以本文作者曾主持世界不同地方对话的经验来看，关于冲突各方基本原则（如一个中国）的交流充满感情，往往会激化成敌对姿态和立场问题。然而，相比其他对话，2009年交流所体现的是多个大陆代表的自我反思式尝试，试图帮助台湾同胞看到和感受到中国人内心的困境。

基于此，大陆参与者分享的叙述可总结如下：以主权为基础的当代中国民族主义从根本上说是非理性的，但这种非理性有内部的连贯性和合理性。当民族遇到巨大的阻碍，如外交政策危机、自然灾害和经济衰退时，中国民族主义就变得十分强烈。这种民族凝聚力的戏剧性变化与领土扩张的渴望关系不大，而与渴望获得自身尊严和周围世界尊重息息相关。普通中国人不一定与2005年《反分裂国家法》相关联，因为他们认为这是政府层面的精英政治。他们也不一定会把两岸统一提案与自己的经济动机联系起来，尽管很多台湾人可能会怀疑。中国人最害怕的是这些主权受到侵犯，特别是分裂主义运动处理不当，将导致丧失尊严、不受尊重。因此，北京政府或许还有很多普通大陆人，都强烈谴责他们认为是受人指使的台湾分离运动，特别是在前总统陈水扁及民进党的八年任期（2000—2008）统治下，对中国大陆庄严的地位造成了挑战。

大陆参与者讲述的这个例子，可能不代表过去七年中参加两岸对话的所有中国大陆代表的观点。但确实说明了他们多次表现出来的这种真实、自我反思的故事讲述语气。有人指出，重要的是，这些观点在台湾代表在场的情况下不断表现出来，台湾人听后，常常会直截了当地表达言语上的惊奇，甚至完全改变对大陆的印象。虽然篇幅有限，但为了回应大陆成员提出的问题，台湾组员也作了很多自我反思，尤其是关于看似不可转让的台湾身份及其渴望独立的愿望。

2006年研讨会还讨论了主权的可转让性。大陆代表试图从两个主权层面向台湾参与者解释“一个中国”的含义——法律意义上的主权和宇宙论上的主权。

法律意义的主权强调领土的排他性，“一个中国”作为唯一代表处理国际关系的合理性和地位，符合西方社会《威斯特伐利亚条约》规定的唯一主权精神。从这一点来看，主权是整体的、不可转让、不可分裂。另一方面，中国在国家建设的漫长历史中，已经内化和实践了所谓的宇宙论主权：强调尊重以中国为中心的世界观，和谐统一的中国形象作为不同民族的集合。宇宙论主权代表中国国家集体意识，寻求来自其他国家和自身内部组成部分的尊重。强调在一个中国文化大家庭下对不同民族的包容性。历史上，中央政府向其周边民族提供安全保证，周边民族定期向中央政府朝拜，视之为宗主国。与此同时，中国主权“软”的方面就已经有所体现。中央政府虽然在行使领土控制权上很灵活，但一直坚持一个原则：在这些属国以及中国周边世界面前，需要保全颜面。①

在某种程度上，受中国主权讨论的启发，台湾、大陆和美国代表对可

---

①　2008年，一位中国大陆代表甚至争论说，主权的整个概念，特别是符合威斯特伐利亚传统的主权概念，是不符合中国社会来的。他声称，中国善治理想背后的儒家传统将一个国家当作一个家庭来看待。从这个角度来看，相比西方的国家和赋予国家权威的公民之间的社会契约论，中国的国家—公民关系更类似于由血缘和忠诚约束的父子关系。这种观点可能不代表所有大陆参与者，但它值得注意，因为它说明了主权的宇宙学原理能够可能扩张到何种程度去推翻传统法律论据，而后者正是美国人以及越来越多的向西方学习的台湾年轻人所熟悉的。

能的未来方案集思广益、调整修正，超越了“一个中国”对抗“台湾独立”的零和、二元思维。他们的目的不在于研究出某个方案，而是拓宽展望未来的眼界。在2006年的共识文件中，代表们把中国国民建构概念化为一个不断发展的、动态的、历史的过程，可能由以下一个或多个阶段组成：①

1. 一个中国，作为一个统一国家。

2. 中国包括港、澳、台特别行政区在内，接受中央政府领导，必要时进行干预。

3. 中国联盟，拥有一部的宪法以及管理各地区、省市的中央代表政府。

4. 中国同盟，在台湾和大陆分别设立半自治管理机构，通过共同的中央管理机制制定国防、外交和财政政策，而其他事项则分头管理。

5. 中国联邦，包括各自独立的政府，加入英联邦等国际框架，继承共同遗产、促进共同利益。这个选择实际上是接受台湾独立。

2009年伯克利研讨会上，又有一个小组在共识文件中采取类似的方法，通过另外一种动态的、探索性过程，将一系列主权讨论进行概念化。从主持人的角度来看，重要的是，经过数小时热烈交流，所有的台湾、大陆和美国代表都一致赞同如此高瞻远瞩的未来政治安排，而不是否决、排除之。

台湾和大陆青年代表愿意对中国主权比较模糊的逻辑进行自我反省，并探索其他可行性。这些例子很能说明海峡两岸对话七年来经历的众多事件。然而，打开边界和禁忌的灵活性和开放性，却常常受到他们自己所恪守的核心认同的挑战。

主题3：对集体认同的感情依附

冲突解决研讨会提供了一个独特的机会：一方面可以见证中国根深

---

① 对于2006年的共识文件原文，本文出于简洁、清晰目的，对其中的主权列表进行了简化与修改。原文内容可致函海峡寻新论坛(Strait Talk)协调者获取，电子邮箱地址：straittalk@gmail.com

蒂固的集体认同是如何不断发展的;另一方面,独特的台湾身份是如何体现的,尤其是当两种意识相互碰撞的时候。当这两种趋势通过感情交流碰撞时,他们分别作为中国人和台湾人的集体归属感成为自信的、从过去自身形象中继承而来、看似不可转让的身份认同。此时,尽管年轻参与者不能正式代表家乡的选民,但他们不自觉表现出各自家园及群体认同,经常是带着眼泪和感情的宣泄。

2007年冲突分析中,台湾和大陆代表的一次交流充分说明了这一点。全体与会者轮流分享关于海峡两岸冲突根源的观点,台湾代表团由一名女士首先形象地陈述了他们的内心感受:

> 从前,有一个刚出生的婴儿。有人来带走了她然后又离开了她。后来这个孩子被其他人捡到,又被遗弃。这个小女孩最终长大了,努力使自己成为一个真正独立的人。但这时候,她的亲生父母突然出现,宣布收回她的监护权。

关于这个隐喻所表达的内涵,其中一种解释为:17世纪晚期清军占领台湾后,台湾人朦胧但迅速发展的集体身份意识开始萌芽,像一个刚刚出生的婴儿。19世纪末,日本自称东亚的"解放者",通过1894—1895年甲午中日战争从大陆夺走了这个岛屿,但经过半个世纪的殖民掠夺、二战战败后又放弃了她。接着在蒋介石的国民党统治下,以中华民国为代表的中国大陆又作为一个新的解放者占领该岛。但国民党的统治很快显露出其真实本质,1947年2月28日,对当地反对者进行大规模屠杀,激起广泛的抵触情绪,认为大陆统治者再一次背叛了台湾,让人联想起台湾人在甲午中日战争余波中的经历。由于台湾几十年来一直试图发展成为一个独立的国家,并逐渐建起了一个繁荣、民主的国家,中国共产党统治下的大陆政府,与台湾成长起来的后代有着截然不同的性格。厉者常常引用与台湾或是想象或是真实的古老联系,主张台湾回归中国大家庭是神圣不可剥夺的权利。

这些充满隐喻表达的开场白之后,台湾参与者开始更正式、更系统地叙述他们所认为的当前两岸冲突根源，强调他们不满的关键在于与大陆的关系中获得更大尊重和自我实现的需要受到了挫折。与此同时，大陆代表也对冲突根源分析，强调历史上中国内部就缺乏统一，常常导致外国侵略和中国瓦解。经过小组详细的历史叙述后，一名大陆代表总结陈词："……对中国大陆来说，我们想要台湾成为中国的一部分，最重要的原因是我们爱你们，我们的台湾人民。"

这名大陆代表刚说完，另外一名大陆代表直视着台湾代表的眼睛，补充道："……是的，所有这些中最重要的就是我们爱你们，我们希望你们回到我们身边。"大陆代表的这些话引起台湾代表同等的情绪反应，一名台湾参与者提高嗓音说："我们不希望成为你们的一部分。不要管我们。让我们成为真正的自己，成为独立的个体。"到目前为止，双方所提出的对冲突的所有理性分析都被这次情感交流抛在了一边。团体动力学开始直接体现出每个小组的成员是如何激情展现各自的群体认同，如同彼此的民族认同诉求。

2007年这次交流说明了团体动力学的一个显著模式。在海峡两岸对话七年的历史中，这种模式不断重复出现。其特征是参与者大群体认同的人格化，尤其是他们的国民身份，当这些青年代表选择各自国家的历史创伤和荣耀时，这种身份变得更加明显。有趣的是，他们大群体认同的人格化过程经常通过家庭的隐喻来表达，或者至少是由此引发，正如上文所提到的亲子关系一样。

值得注意的是，尽管存在前文所述的另外两种并发的"软化"趋势，即冲突历史（主题1）和主权（主题2）具有更大的可转移性，但多年来代表们通过大群体身份认同所表现出来的态度僵化一直没有消失。由此可推断，海峡两岸对话代表等这些受过良好教育的年轻的"潜在影响力人物"，正逐渐习惯于相互交流彼此对海峡关系中的政治禁忌和边界的观点。然而同时，他们又明确承载着继承于历史的共同的民族主义。作为战后时代成长起来的第三、四代人，这些年轻代表体现了一种对各自社会的现在和过去、变化和连贯的独特混合。此外，如下文所示，他们还经常表现出来一个更引人注目的特质，同时也值得强调一点，而且也值得强调一下，因为将有助于我们对这一复杂混合体的理解。

主题 4:深入移情,超越政治正确性

移情是一种能力,让自己站在别人的立场上,从对方的观点考察彼此的关系。积极促进研讨会通常是为了让双方互相产生同情心。从比较调停的视角来看,台湾和大陆青年代表之间善解人意的深入交流似乎有些独特。代表们乐于采取异己方式来检验自己的信条,有时还能展示身份转变的明显迹象,这似乎已经从某种程度上促进了这种建立移情能力的特质。

2009 年伯克利研讨会期间,一名台湾代表在小组进行冲突分析时,讲述了一个故事。她十分后悔在其教育早期阶段对待班上台湾非汉族同学的不公正方式。她的评论稍微有点离题,因为讨论本应更多关注台湾和大陆之间的关系。然而,在讲述对台湾少数民族的歧视时,她不时地哭泣,甚至情绪爆发,让对话一度陷入沉默。其他代表们听得很认真。故事结束后,一名坐在她前面的中国大陆代表作出了回应,内容概括如下:

(这位大陆代表)在北京长大,在大陆接受教育。她后来一直认为,尽管两岸关系混乱、台湾人长期不满,但这座小岛迟早会成为中国的一部分,是中华民族身份不可分割的一部分。她抱着这样的世界观参加对话,没有想过如此根深蒂固的信念将有可能发生改变。然而,在见证台湾同伴带着悔恨的哭诉、自我反思后,现在她感觉必须进行反思,反思她的国家——中国大陆应该如何对待台湾人。“台湾人有自己的感情,我们必须尊重他们,”她说,“也许我们一直以来对待台湾人的方式并不是完全正确的。”当她分享自己的反思时,另一名坐在她旁边的大陆代表开始静静啜泣。

2009 年的这一事件相当独特,自我反思的模式明显地从一方传递到另一方。多年来,海峡两岸对话打开了一个非传统的、交互式的相互学习空间,参与者通过彻底的移情考虑,重新评估和改变他们根深蒂固的假设,这种方式可以说是相当普遍的。可以假设,促进对话的方法和关系构建的非正式氛围,有助于加深构建同情的程度。然而,在世界其他仍存在

暴力的地方——从卢旺达到以色列/巴基斯坦——主持了对话之后，本文作者需提出，台湾和中国大陆的部分代表愿意对彼此表示深深的同情，还出于一个事实，那就是他们这代人对两岸的战争冲突没有具体而形象的记忆。换言之，中国内战结束后60年，冲突的起源变得越来越抽象、越来越模糊，不像冲突产生的长期影响对日常生活的冲击依然可见。正是因为冲突的模糊本质，我们认为面对面的深入对话这一直接具体的经历，在改变海峡两岸冲突的长期历史中大多数时候都被认为是不可改变的对方形象上，可能比以往更加有发展前途。

结论：展望前进之路

本文探讨了从七年海峡两岸对话中汲取的经验。这项活动旨在把台湾海峡两岸和美国三地青年民间团体代表聚在一起，共同解决问题，寻求可持续的关系构建。这个历史性冲突的核心，一方面是中国大陆寻求连贯的国家地位和领土完整，另一方面是台湾人渴望决定自己的政治未来，充分表达他们多样化的、不同的公共身份，而不受中国大陆的干预。尽管几十年来，冲突根深蒂固的结构性本质基本上仍然没有改变，但自2008年5月国民党总统马英九赢得台湾选举，受这一事件的催化，海峡两岸关系最近的趋势迎来了民间团体交流的蓬勃发展，越来越多的普通台湾人和中国大陆人通过直航跨越海峡。基于这些新兴趋势的海峡两岸对话，力图形成海峡两岸民间团体交流的一个模型，激活隐藏在这些历史趋势中的和平潜力。

此外，海峡两岸对话通过强调高度互动的体验式学习，提供了一个独特的机会之窗。通过这扇窗，那些内战后第三、四代年轻的“潜在影响力人物”能够带着他们世代遗传下来的冲突历史，跨越海峡面对面相聚。关于受过高等教育的这一代人如何内化他们的冲突，他们不断出现的团体动力模型至少表明了四个潜在的可归纳的趋势：(1) 双方视冲突为相对现代的现象，因此本质上是有时限的，而不是太无止境或者神化的。(2) 通过反省、透过表面上对主权的非理性依附，双方在理性的基础上乐于而且能够打破看似不可转移的主权僵局——否则他们要么面临“一个中国”

的局势，要么面对“台湾独立”的形式。（3）然而，与这两个趋势不同，年轻代表对他们的大群体身份仍有强大的感情依附，并且当这些身份受到挑战的时候会用高度个性的方式表现出来。（4）作为战后时期第三、四代人的代表，如果需要通过有形、有效的方式来表达，双方青年代表们也乐于并能够相互延伸这种深切的同情，甚至还能超越政治正确性的边界。

青年代表在安全的学术环境中表现出来的这些新兴趋势，可能在他们将要接手的、更为复杂的宏观政治动态现实中无法轻易复制。也没有任何系统的社会变革迹象，表明双方政府当局可能以此来解决台湾的政治地位，从而检验青年代表们和解能力。另一方面，2008 年下半年以来，草根民众呈现的更多民间社会团体交流的机会是真实的、毋庸置疑的，尽管不一定是不可逆转的。假如世界其他地方的和平进程可以做为一个指南，这些新机遇可以说带来了巨大的潜力，塑造或者重塑草根民众乐于接受或拒绝双方政府当局在未来某个时间可能做出的主要政治选择的意愿。从宏观历史角度来看，纵观几十年来一代又一代的变化过程，今天的时机比以往任何时期都成熟，可以开始努力制定海峡两岸协商一致的战略，创建强健的、自适应的、可持续的民间团体交流机制，深化相互依赖，让战争变得不可想象。采取实现这些愿景的具体措施，符合海峡两岸双方的最佳利益，不仅在民间团体和商业层面，而且是在政府层面将会带来更大的区域稳定。因此，从长期的历史角度来看，海峡两岸对话代表了重视未来的政治实用主义的最终形式。

“和平学译丛”已出书目

《人民、和平与权力：冲突转化的实践》 定价：23.00 元

《和平学研究的新范式(亚太篇)》 定价：18.00 元

《人类安全的挑战》 定价：18.00 元

《全球化和环境挑战：21 世纪的安全观重构》 定价：30.00 元

《面对全球环境变化：环境、人类、能源、食品、健康和水安全的观念》
定价：32.00 元

《应对全球环境变化、灾难及安全：威胁、挑战、缺陷和风险》
定价：34.00 元